100位

为新中国成立作出突出贡献的英雄模范人物

冯 平

于 元/编著

吉林出版集团 | 吉林文史出版社

图书在版编目（CIP）数据

冯平 / 于元编著. -- 长春：吉林文史出版社，
2011.4（2024.5重印）
（100位为新中国成立作出突出贡献的英雄模范人物）
ISBN 978-7-5472-0511-2

Ⅰ. ①冯… Ⅱ. ①于… Ⅲ. ①冯平（1899～1928）—
生平事迹 Ⅳ. ①K827=6

中国版本图书馆CIP数据核字(2011)第050257号

冯　平

FENGPING

编著/ 于元

选题策划/ 王尔立　责任编辑/ 王尔立

装帧设计/ 韩璘

出版发行/ 吉林文史出版社

地址/ 长春市福祉大路5788号　邮编/ 130118

电话/ 0431-81629363　传真/ 0431-86037589

印刷/ 天津海德伟业印务有限公司

版次/ 2011年4月第1版 2024年5月第7次印刷

开本/ 640mm×920mm　1/16

印张/ 9　字数/ 100千

书号/ ISBN 978-7-5472-0511-2

定价/ 29.80元

《100位为新中国成立作出突出贡献的英雄模范人物》丛书

编 委 会

主　任	张自强　高　磊
副主任	王东炎　徐　潜　张　克　王尔立
编　委	郭家宁　尚金州　龚自德　张菲洲
	张宇雷　褚当阳　丁龙嘉　孙硕夫
	李良明　闫勋才

/**100**位

为新中国成立作出突出贡献的英雄模范人物/

八女投江	于化虎	小叶丹	马本斋	马立训	方志敏
毛泽民	毛泽覃	王尔琢	王尽美	王克勤	王若飞
邓 萍	邓中夏	邓恩铭	韦拔群	冯 平	卢德铭
叶 挺	叶成焕	左 权	诺尔曼·白求恩		任常伦
关向应	刘老庄连	刘伯坚	刘志丹	刘胡兰	吉鸿昌
向警予	寻淮洲	戎冠秀	朱 瑞	江上青	江竹筠
许继慎	阮啸仙	何叔衡	佟麟阁	吴运铎	吴焕先
张太雷	张自忠	张学良	张思德	旷继勋	李 白
李 林	李大钊	李公朴	李兆麟	李硕勋	杨 殷
杨子荣	杨开慧	杨虎城	杨靖宇	杨闇公	萧楚女
苏兆征	邹韬奋	陈延年	陈树湘	陈嘉庚	陈潭秋
冼星海	周文雍、陈铁军夫妇		周逸群	明德英	林祥谦
罗亦农	罗忠毅	罗炳辉	郑律成	恽代英	段德昌
贺 英	赵一曼	赵世炎	赵尚志	赵博生	赵登禹
闻一多	埃德加·斯诺	夏明翰	格里戈里·库里申科		
狼牙山五壮士	聂 耳	郭俊卿	钱壮飞	黄公略	
彭 湃	彭雪枫	董存瑞	董振堂	谢子长	鲁 迅
蔡和森	戴安澜	瞿秋白			

前 言

　　每个人的心中都多少有一点英雄情结，都向往英雄、景仰英雄。也正因此，在中华人民共和国建国六十周年之际，由中央十一部委联合组织开展的"100位为新中国成立作出突出贡献的英雄模范人物和100位新中国成立以来感动中国人物"的评选活动中，群众参与投票总数近一亿。这其中的每一张选票，都表达了人们对英雄模范的崇敬之情，寄托着对伟大祖国的美好祝福。

　　一个民族不能没有英雄，否则这个民族就不会强大。当国家危难之时，懦弱者选择了逃避、妥协甚至投降，英雄们却挺身而出，用热血捍卫民族的尊严，人民的幸福。在创立和建设新中国的伟大历程中，涌现出无数可歌可泣的英雄模范人物。他们之中，有为了民族独立和人民解放而英勇牺牲的革命先烈，有为了党和人民的事业而不懈奋斗的优秀共产党员，有在全民族抗战中顽强奋战、为国捐躯的爱国将士，有英勇杀敌的战斗英雄和革命群众，有积极从事进步活动的著名民主爱国人士和国际友人……他们是民族的脊梁、祖国的骄傲，是激励全体人民团结奋斗的精神力量。

　　《100位为新中国成立作出突出贡献的英雄模范人物传记》丛书，就像一部星光璀璨的英雄谱，真实、完整地记录了英雄模范人物不平凡的一生，再现了他们非凡的人格魅力和精神世界。"头颅可断腹可剖"的铁血将军杨靖宇，"毫不利己，专门利人"的白求恩，"抗战军人之魂"张自忠，"砍头不要紧"的夏明翰，"俯首甘为孺子牛"的文化斗士鲁迅……一串串闪光的名字，一个个动人的故事，犹如群星闪烁，光耀中华。

　　如今，战火已熄，硝烟已散，英雄已逝，我们沐浴在和平的幸福之中。在和平年代，人们不会忘记为今日的和平浴血奋战的英雄们，英雄的故事永远不会结束。让我们用英雄的故事唤醒我们心中的激情，为中华民族的伟大复兴而奋斗。

生平简介

冯平（1899–1928），男，汉族，海南省文昌县人，中共党员。

五四运动时期，冯平带领海南的进步青年学生投身革命洪流。1923年，赴苏联学习。1924年10月，被中共旅莫支部吸收加入中国共产党。1925年8月回国，到广东省农民协会工作。1926年初，冯平受党委托回琼开展革命宣传和组织工作。1927年琼崖四·二二事变后，冯平任中共琼崖特委委员兼军事部部长、琼崖讨逆革命军总司令，参加领导全琼武装总暴动，创立工农革命武装。后任中共琼崖特委军委主任兼琼崖工农革命军司令、琼崖工农革命军总西路军总司令，领导琼崖西路的澄迈、临高、儋县三县开展武装斗争，发展革命力量，开辟、扩大农村革命根据地。1928年3月，广东省国民党反动当局派第十一军第十师及谭启秀独立团四千余人对琼崖苏区和红军进行"围剿"，冯平被迫率部转移。由于叛徒出卖，5月9日，冯平在琼山县西昌地区仁教岭被国民党军包围，弹尽负伤被捕。敌人把冯平绑在竹椅上抬着"示众"。冯平毫无惧色，对前来围观的数千名群众进行革命宣传："革命不怕死，怕死不革命，杀了一个冯平，还有千万个冯平！革命是杀不绝的，共产主义一定会实现！"1928年7月4日，冯平在澄迈县金江镇英勇就义。

1899-1928

[FENGPING]

◀ 冯平

目 录 **MULU**

五指山下军旗烈（代序）

冯平是伟大的共产主义战士，是红军中的年轻统帅。他虽然只活了 29 岁，但他却像一盏明灯，照亮了海南岛土地革命的征程。

纵观冯平一生，有很多崇高精神和高贵品质值得后人学习。

他从小受到中华民族优秀传统文化的熏陶，爱国爱民，富有奉献精神。

他满怀上进之心，富于爱国主义精神，积极参加革命，在五四运动中奔走呼吁，反帝反封建。

他勤奋好学，求知若渴，千方百计筹款上大学。

他热爱祖国，关心人民，胸怀天下，以天下之忧为忧，毅然投身革命，受到党组织的高度重视。

在苏联学习军事期间，他刻苦读书，虚心学习，用军事知识武装头脑，为拯救祖国人民而忘我钻研，取得了优异的成绩。

回国后，参加了东征陈炯明和南征邓本殷的战争，智勇双全，能将所学的知识用于革命实践。

蒋介石叛变革命后，冯平在海南岛挑起了领导武装革命的重担。转战南北，百折不挠，表现了大无畏的革命英雄主义精神。

在艰苦的日子里，冯平和战士同甘共苦。

在敌我力量对比悬殊的情况下，冯平不幸被捕。面对威胁利诱，他不为所动，体现了真正革命者的高尚情操。

当老同学劝降时，冯平回答说："共产党人为百姓谋幸福，虽死犹生。如果为独夫民贼卖命，那才不值呢！"他大义凛然，揭露敌人诱降的阴谋，宣传共产党主张，表现了共产党人伟大的人生观。

　　冯平在强大的敌人面前，革命信念毫不动摇，他说："世界革命大潮汹涌澎湃，顺之者昌，逆之者亡。我今日虽然被俘，还有千万革命同志继续奋斗，革命一定会成功的。"

　　冯平既是指挥千军万马的海南最高军事统帅，又能为革命吃苦耐劳的普通士兵，其精神达到了崇高的境界，为我们树立了光辉的榜样。

海南学子

(1899—1925)

⟶ 文化之乡

★★★★★

（0-7岁）

　　冯平1899年3月11日生于海南文昌县东路镇美德村。

　　文昌县位于海南省东北部，现已升级为市。东、南、北三面临海，全市南北长90公里，东西宽65公里，土地总面积2403平方公里，海岸线长206.7公里，海域面积4600平方公里。

　　位于文昌河畔的文城镇是全市政治、经济、文化、交通中心，距省会海口市63公里。

　　文昌历史悠久，于公元前110

△ 冯平故居

年，即汉武帝元封元年设县，至今已有二千一百多年的历史了。

文昌古称紫贝县，后来三易其名。公元627年，即唐太宗贞观元年改为文昌县，取"偃武修文"之意。

1995年，文昌撤县建市，改为文昌市。

文昌人杰地灵，名人辈出。明朝大臣邢宥与丘浚、海瑞齐名，并称"一鼎三足"。

文昌文化发达，重视教育，"一里三进士"是文昌历史的写照，因而被誉为"文化之乡"。

在近现代史上，文昌更是群星灿烂，涌现出 196 位将军，因而被称为"将军之乡"。

文昌还出了在中国近现代史上影响长达半个世纪的孙中山夫人宋庆龄，因而被誉为"国母之乡"。

文昌市华侨众多，有一百二十多万华侨分布在世界五十多个国家和地区，因而被称为"华侨之乡"。

文昌集阳光、海水、沙滩、植被、空气、海岛、风情、田园八大旅游资源于一地，闻名遐迩。

文昌有"琼东第一峰"之称的铜鼓岭，岭上十八峰层峦叠嶂，连绵不断，群峰竞秀，风光旖旎，景色清幽。岭上植被生长繁茂，种类众多，兽类有二十多种，鸟类有六十多种，形成了一座天然的生态植物园、百草园和野生动物园。

此处还有奇岩异石，千姿百态，形成了一座幽邃迷人的海滨石景公园。岭下海域广阔，拥有丰富的水产资源，鱼类有八百多种，贝类有二十多种，距海岸四五十米的浅海带上长着五光十色的珊瑚礁，光怪陆离的海底世界形成了一座天然的海底自然公园。

文昌椰子的种植面积极广，有二十多种椰子系列产品，被称为"椰子之乡"。东郊椰林风景名胜区位于文昌清澜港东岸，距海口市 80 公里。

　　东郊椰林风光可谓中国之最，世界少有。这里百万株椰树绿叶婆娑，婀娜多姿，美不胜收。尤其椰林里那棵世界罕见的"椰子王"长出了三大枝杈，枝粗叶茂，硕果累累，令人叹为观止。

▽ 椰树林

然而，就是在这如诗如画的仙境里，人们在旧社会却过着地狱一样的生活。

冯平降生的前四年，中国因在甲午海战中惨败，与日本签订了《马关条约》，又割地又赔款，还开放了沿海口岸。从此，列强蜂拥而来，纷纷在中国建立教堂，开设工厂，进行政治和经济侵略。

列强教会的势力十分猖獗，教堂的传教士欺压百姓，残害儿童，给百姓造成了深重的灾难。

甲午海战后，清廷为了赔款，加重了对百姓的搜刮，中国人民从此陷入了水深火热之中。

为了养家糊口，冯平的父亲冯思余结婚后不久就背井离乡，漂洋过海，到泰国谋生去了。他吃苦耐劳，节衣缩食，把劳动换来的钱存下来，每年回家办两件事：一是让儿子读书，二是在家乡盖房子。他要改变家庭的命运，也要改变家乡的面貌。

作为文化之乡，文昌人特别讲究住宅的装饰，历来建房造屋都有绘制壁画的习俗。因有壁画增辉添色，文昌的住宅显得典雅庄重。

文昌壁画取材广泛，乡土气息浓郁，大多喜欢绘一些民间流传的吉祥物，如在正厅横廊里画象征喜上眉梢的"喜鹊登梅"、象征高尚品德的松竹梅、寓意金玉满堂的"金鱼和海棠"、表示连年有余的"莲花和鲤鱼"等。

正厅大门两侧画"狮子戏球"，窗门拱常画象征延年益寿的松鹤及象征富贵的牡丹花，窗户造型多雕塑成双喜字。

不少住宅壁画更是纸灰泥浮雕，造型活灵活现，栩栩如生。

住宅壁画还有象征吉祥的龙、凤、麒麟，有神话传说和戏曲故事，有砍柴的樵夫、头戴竹笠的渔翁、骑在牛背上的牧童，还有花鸟虫鱼、飞禽走兽、山水亭榭等。

美德村是个风景如画的侨乡，居住着一百多户汉族人家。为了谋生，人们大都到海外去了。

冯平的母亲吴氏是一位勤劳俭朴、和蔼善良、精明强干的农村妇女。她管理家中的里里外外，一个人承担全家的农活，操持繁重的家务，还要带好三个儿子。大儿子冯葵南，二儿子冯平，三儿子冯夙芳。

母亲出身贫寒，没有进过学堂。她希望儿子读书识字，像海南三贤之一的邢宥那样出人头地，为国增光，为百姓造福。

邢宥于明成祖永乐十四年，即公元1416年生于文昌，从小聪明异常，5岁读书，10岁作《勉学诗》，胸怀治国大志，每次月试和季考都名列前茅。

明英宗正统十三年，即公元1448年，邢宥考中进士，为文昌人争了光。

邢宥做官二十余年，历任四川监察御史、苏州知府、台州知府、浙江布政司左参政、右佥都御史、都察院左佥都御史等职。

邢宥一生为国为民，光明磊落，刚正不阿，在政治上大有作为，在学问上也有很高的造诣。

邢宥著作有《湄丘集》传世，对海南文化的发展有极大的影响，与海瑞、邱浚被誉为海南三贤。

邢宥一生两袖清风，爱民如子，每到一处都千方百计地为百姓做好事。明宪宗成化二年，即公元1466年，

▷ 邢宥像

苏州发大水，颗粒无收。这时，邢宥正在苏州担任知府。他二话没说，不待上奏朝廷就开仓放粮，救活了四十余万灾民。同僚对邢宥这种专擅的做法深表忧虑，而邢宥却不以为然，坦然地说道："百姓危在旦夕，如果上报朝廷，等朝廷批准再开仓放粮就来不及了，不知会饿死多少人呢！专擅的罪名，我一个人担当了。"邢宥此举，得到明宪宗的谅解，不但未加罪，反而褒奖了他。苏州百姓感恩戴德，对邢宥更是赞颂不已。

对于这位文昌乡贤，文昌百姓可谓家喻户晓，尽人皆知。

邢宥墓位于文昌文教镇铜斗山南面，每逢清明佳节，文昌百姓都成群结队地到邢宥墓去祭扫，缅怀这位文昌乡贤。

在母亲的熏陶下，在邢宥的影响下，冯平从小就爱学习，立志长大为百姓做好事。

▽ 邢宥纪念馆

→ 小学和中学

（8—20岁）

冯平自幼聪明，8岁开始进村子里的育民学堂读书。冯平每天都高高兴兴地去那里学习。

这时，清朝还未灭亡，冯平读的是文言文。他爱读书，在学校专心听讲，勤奋学习。

母亲对儿子读书要求很严，晚上总要点上海棠油灯催促冯平读书写字。每天鸡鸣起来煮饭时，母亲也叫冯平起床背诵古书。冯平天资聪颖，又肯用功，每学期考试总是名列前茅。

冯平不但爱读书，还爱劳动。每天放学回家，他都帮助母亲做家务，有时还放牛、喂猪、养鸡。

1915年，冯平小学毕业后，考上了府城的省立琼崖中学。这所中学后来改名为广东省立第六师范学校，校址原是清代的琼台书院。府城是海口市琼山县的一个镇。

琼崖中学是海南学生运动的中心，大多数教师和学生都倾向进步，向往革命。

在学校里，冯平是进步学生的骨干。1919年，他与王文明、杨善集等带领海南青年学生参加了五四运动，投身于革命的洪流之中。

1914年，第一次世界大战爆发后，日本借口对德宣战，攻占我国青岛和胶济铁路全线，控制了山东省，夺取了德国在山东强占的各种权益。

1918年，德国战败，第一次世界大战结束。1919年1月18日，战胜国在巴黎召开"和平会议"，其实是分赃会议。当时的北京政府和广州军政府联合组成中国代表团，以战胜国身份参加巴黎和会，提出了取消列强在华的各项特权，取消日本帝国主义与袁世凯订立的《二十一条》不平等条约，归还大战期间日本从德国手中

△ 1919年6月初，上海工人举行罢工，声援学生的斗争。商人也举行罢市，参加了运动。

夺去的山东各项权益等合理要求。巴黎和会在帝国主义列强操纵下，不但拒绝了中国的合理要求，而且在对德和约上，明文规定把德国在山东的权益全部转让给日本。

北洋政府丧权辱国，竟准备让与会代表在和约上签字，从而激起了中国人民的强烈反对，轰轰烈烈的五四运动爆发了。

这年5月1日，北京大学的一些学生获悉巴黎和会拒绝中国合理要求的消息后，立即于当天在北大西斋饭厅召开紧急会议，决定5月3日在北大法科大礼堂举行全体学生临时大会。5月3日，北京大学学生举行大会，北京高等师范学校、法政专门学校、高等工业学校也派代表参加。学生代表即席发言，一个个慷慨激昂，号召青年们奋起救国，决定第二天齐集天安门前举行示威游行。5月4日，北京三所高校约三千多名学生代表冲破军警的阻挠，云集天安门前，打出"誓死夺回青岛"、"收回山东权利"、"拒绝在巴黎和会上签字"、"废除二十一条"、"抵制日货"、"宁为玉碎，不为瓦全"、"外争国权，内惩国贼"等口号，一下子震动了北京城。

示威学生要求惩办卖国贼——交通总长曹汝霖、货币局总裁陆宗舆、驻日公使章宗祥。游行队伍行至曹宅时，痛打了章宗祥，并纵火焚烧曹宅。北洋政府倒行逆施，竟命令军警镇压学生，逮捕了学生代表32人。爱国学生的这次游行活动受到了广泛关注，各界人士纷纷给予支持，抗议北洋政府逮捕学生。北洋政府颁布严禁抗议的公告，总统徐世昌再次下令镇压。但是，学生团体和社会团体纷纷支持学生运动。5月11日，上海成立学生联合会。5月14日，天津成立学生联合会。广州、南京、杭州、武汉、济南、海南的学生和工人也都表示支持。5月19日，北京各校学生同时罢课，并向各省的省议会、教育会、工会、商会、农会、学校、报馆发出罢课宣言。北京各校学生罢课后，天津、上海、南京、杭州、重庆、南昌、武汉、长沙、厦门、济南、开封、太原等地学生先后宣告罢课，支持北京学生的斗争。

5月7日，府（城）海（口）学生接到北京学生联合会关于发起反帝爱国运动的通知后，琼崖中学、琼崖师范、琼山中学、琼山师范、华美中学等学校的一千六百多名学生纷纷响应北京学生提出的"外争国权，内惩国贼"的号召，于当天中午在琼崖中学礼堂开会，声援北京学生的爱国斗争。

8日，府海学生到海口游行示威，在街头发表演说，揭露卖国贼的罪行，宣传爱国思想。18日，府海及各县学生代表在府城的琼崖中学开会，成立了琼崖学生联合会，各县学校设分会，并与广东省的学联取得了联系。20日，在琼崖学联的发动下，府海各中学两千多学生掀起了大规模的反对帝国主义和卖国官僚军阀的斗争。府海和各县学联还组织纠察队、宣传队、抵制日货检查队，对商店的日货进行登记封存。各地学生和群众把搜查出来的大量日货当众烧毁，仅海口就烧了三天三夜。

五四运动爆发后，抵制日货成为最广泛的斗争方式之一，成为爱国学生的自发行动。5月5日下午，在北京大学法科召开的各校学生全体联合大会上，朝阳学院率先提议抵制日货。5月7日晚，北京高师学生会评议部召开会议，建议成立北京各界抵制日货联合委员会，宣传抵制日货，即不买日货，不用日货，不卖日货。5月9日，清华大学学生在校内体育馆举行"国耻纪念会"，会后在大操场上焚烧了校内的日货。5月13日，北京大学学生将该校学生消费社储存的日货集中在文科大操场焚毁，并在焚烧日货时当众宣讲宣言书。随后，高等农业学校、高等工业学校、医学专门学校、法政专门学校及私立中国大学等校学生都将校内所存的日货全部焚毁。但是，焚烧所存日货只能宣泄一时的愤怒，若要彻底抵制日货，必须有人民群众的广泛参与，特别是商家的支持。从运动一开始，学生们便派出代表与商界接洽，得到了商界的积极支持。5月6日，北京商会召开全体大会，提出以下主张：(一) 请各行速开会议，宣示各商号，一律停运日

△ 五四运动爆发

货,私运者议罚。(二)不用日本银行钞票。(三)不阅日报,不登日报广告。同时,商会公决两种抵制日货办法:一是调查,凡日货之名称牌号样式,调查清楚后便不再贩卖;二是陈列,即将日货聚集一处陈列,使人一望而知,不再购买。商界传单如雪片纷飞,号召人们不买日货,并呼吁说:"大家抵制日本,中国或可望不亡也。"随着运动的发展,抵制日货的风潮迅速蔓延到全国的许多城市和乡村。在一些地方,抵制日货甚至成为最主要的斗争方式,其激烈程度远远胜过北京。因为日货早已充斥中国城乡,日货也成为日本侵略中国的象征。在缺乏其他有效斗争手段的情况下,抵制日货便成为自然而然的选择了。

在查禁日货的斗争中,冯平身先士卒,以学联为主,商同各界人士,分别成立各界联合会、抵制日货分会、国货维持会等爱国组织。冯平积极投入抵制日货的运动,率领学生、店员和码头工人组成游行队伍,涌向大街小巷。他们举着三角小旗,敲锣打鼓,推着小车,提着网兜竹篮,推销中国生产的家织布、印花被、纱线袜、罗丝裙、火柴、肥皂、食盐等,把"毋忘国耻,抵制日货"的标语贴到各家各户。

在五四运动大潮中，冯平的思想受到了洗礼，也得到了锻炼。

 ## 大学时代

★★★★★

（22—26 岁）

冯平从六师毕业后，乘船到泰国看望父亲和弟弟，请父亲筹款供他上大学。

当时，父亲正在帮海南旅泰同乡——同姓兄弟冯裕源管理账务。

冯裕源在曼谷开了 18 家碾米厂，是华侨界的巨商，为人慷慨大方，经常仗义疏财。冯裕源见冯平是个人才，便主动提出愿意出钱赞助他回国上大学。冯平大喜过望，直接从泰国乘船前往上海，考进上海文化大学读书。

一年后，冯平回到革命圣地广州继续上大学。

在广州上大学期间，冯平如饥似渴地阅读马克思、恩格斯、列宁的著作，大大提高了革命觉悟。列宁领导俄国革命成功的经验使冯平明白了中国革命必须走俄国人的路。他认为在诸多主义中，只有社会主义才能救中国。

冯平拥护中国共产党的纲领和主张，积极参加学生运动。冯平的革命行为和聪明才智引起了中共中央的注意，认为他是个可造人才。1923年，中共中央选送冯平去苏联莫斯科留学。

冯平在苏联莫斯科东方大学留学时，和聂荣臻是同学，也是挚友。1924年，冯平被中共旅莫支部吸收参加中国共产党。

据《聂荣臻回忆录》所书，因为当时国内革命形势大好，共产党与孙中山合作顺利，以广东为根据地的革命形势发展很快，急需大批干部。共青团旅欧区委根据这种情况，于1924年7月召开了第五次代表大会，改选了执行委员会，为选送干部回国作准备。

向国内输送干部，先是选送少数同志直接回国，

△ 十月革命时期的列宁

更多的是有计划地分批选送优秀的青年到莫斯科东方大学学习一段时间再回国参加斗争。

选送骨干去东方大学学习，从 1923 年就开始了。在聂荣臻之前，已经走了两批，第一批是 1923 年 3 月，有赵世炎、王若飞、陈延年、陈乔年、熊雄等同志；第二批是 1923 年 11 月，刘伯坚等同志就是这一批走的；聂荣臻是第三批，共二十多人。

聂荣臻到莫斯科后，和冯平成了同窗

好友。不久，十月革命七周年纪念日到了，莫斯科到处呈现一派节日景象。

11月7日那天，冯平应邀参观了红场庆祝十月革命的游行，见到了在观礼台上检阅游行队伍的斯大林，亲眼看到了劳动人民庆祝十月革命胜利的欢乐情景，给冯平留下了深刻的印象。

莫斯科东方大学于1921年10月21日正式开学，主要任务是为苏联东部地区培养民族干部和为东方各国培养革命工作干部。共产国际派代表参加该校最高领导机构。学生来源多数是农民和工人，也有一些学生、职员和知识分子。该校学制为七个月，后改为三年，设有党的工作和政治教育、工会运动、经济、行政法律等系。20年代中期，学校分为苏联东方部和外国部两个部。外国部设有中文、朝文、日文、土耳其文、法文、英文和俄文七个班，中国共产党人瞿秋白曾在中文班主修社会学课程。

冯平到校后，十分珍惜这来之不易的学习机会，每天早晨总是比别人起得早，抓紧一切时间学习。

冯平除了认真学习老师在课堂上讲的内容外，还大量阅读马克思主义书籍。他经常到共产国际远东部借阅报刊杂志，收集资料，和同学讨论，交流心得。

莫斯科东方大学是一所培养东方各被压迫民族革命者的学校，有中国学员，也有从朝鲜、蒙古来的学员，其中中国学员最多。

在中国学员中，有一批是从国内直接来苏联参加学习的，冯平便是其中的佼佼者。

冯平在东方大学学了十月革命史、俄共(布)党史、世界革命史、工人运动史，还有政治经济学等等，收获颇丰。

学员上课时，由王一飞当翻译，因为他的俄语讲得很好。

不久，冯平还听了几次李大钊讲授的历史课。李大钊到莫斯科，是作为中国共产党的代表出席共产国际第五次代表大会的。他对东大培养的这批中国学生很重视，亲自找他们谈话，给他们讲中国近代史、中苏关系史和国内迅速发展的革命形势，同学们听起来觉得格外亲切。

冯平对李大钊极其敬仰，认真听他的课，还做了笔记。当时，李大钊在国内外影响很大，已是国际知名的共产主义战士了。

在莫斯科，为中国革命培养干部的学校，除东方大学以外，1925年秋，为了纪念孙中山先生，也为了满足国内大革命对干部的需求，又办了一所中山大学，国共两党各送了一批学员进校学习。这是一所带有统一战线性质的学校，国民党左派、右派，以至孙文主义学会都去了一些人，校方企图通过学习改变他们的思想。

→ 苏联红军学校中国班

★★★★★

（26 岁）

1925 年 2 月，根据共产国际的通知，冯平和其他一些学员被抽到苏联红军学校中国班学习。王一飞也由东大调到这里，仍担任翻译。

当时，共产国际包括斯大林，以及中国共产党的有识之士开始看到在中国革命中我党必须掌握武装的重要性，提出不仅要为中国革命培养一般工作干部，还要注意培养军事斗争干部。那时，孙中山接受苏联顾问鲍罗廷的建议，在广州黄埔办起了一所军官学校，共产党急需一批懂军事的同志去帮助孙中山办好这所学校。冯平他们就是在这种背景下被抽调学习军事的。

这个中国班对外是保密的，与东大没有什么联系，已纳入了苏联红军的编制系统。学员们同红军穿一样的衣服，过一样的生活。

中国班的伙食供应特别好，受到格外优待。因为在东大、红军、军校三方面都有中国学员的一份伙食供应，合在一起，伙食比红军还要好，比东大也好，在苏联是一等的伙食。

当时，苏联镇压白匪叛乱的内战刚刚结束，一切都在恢复之中，人民的生活很艰苦。在这种情况下，能给中国学员这样的生活待遇可以说是太优厚了。

冯平是第一批进红军学校学习的，聂荣臻、叶挺同他编在一个班里。第一批学员还有熊雄、范易、颜昌颐等同志，一共二三十个人。

苏联红军学校设在莫斯科城里，极注意保密，同学们尽量不外出。

野外演习时，学员都去莫斯科郊外的森林。全体学员同红军一样，一律住帐篷，一个班一个帐篷，每人发一块草垫子，上面铺一块床单，再发一条毯子。

学校要求很严，训练很紧张。经常在野外进行军事演习，学习战术、技术，有时也打靶。

白天和晚上，学员要轮流站岗放哨，过的完全是正规红军的生活。中国学员都很年轻，身体都能顶得住。

苏联红军学校的教官全是从红军各单位抽调来的，几乎都是苏联内战时期各个战场上相当于将军级别的红军高级指挥官。红军当时虽然没有实行军衔制，但军官都戴着军职领章，一看就知道是属于哪一级的干部，都是师级以上的。

20 年代中期，在苏联红军中，初、中级干部的文化水平比较低，农民出身的干部占相当大的比例，因此他们不能讲课。而来红军学校讲课的教员都有内战时期的实战经验，讲课的内容很实际，军事理论课能做到深入浅出，加上学习与实际训练互相穿插，通过近半年的学习，中国学员在军事知识方面都有了很大的收获。

通过认真学习，冯平学到了指挥千军万马的本领。

革命征程

(1925—1928)

回 国

★★★★★

（26岁）

1925年1月，中国共产党第四次全国代表大会后，群众运动蓬勃地发展起来。

1925年5月，中国爆发了著名的五卅运动。

2月至4月，上海、青岛的日本纱厂工人在中国共产党的领导下，先后组织了数万名工人举行大规模的罢工斗争，取得了重大的胜利，同时也遭到了日本帝国主义和北洋军阀的镇压。

日本帝国主义与北洋军阀政府狼狈

为奸，企图破坏工人运动，酝酿新的血腥屠杀。

当时，帝国主义对中国的侵略主要是经济侵略。中日甲午海战后，中国被迫签订了丧权辱国的《马关和约》，准许日本在中国各口岸设立工厂，利用中国的原料和廉价劳工进行生产。日本仅在上海一地就设有 23 家纱厂，占全上海纱厂的三分之二。

日本厂主对中国工人非常苛刻。工人每天工作 12 小时以上，每天工资仅为一角五分，还要扣存百分之五储蓄金在日方手里，工作满十年后才归还工人，半途辞工者储蓄金即被没收。日本厂方通过这种手段将中国工人牢牢地掌握在他们的手里，服服帖帖地为他们卖命。

1925 年 2 月，日商内外棉纱厂第八厂推纱车间里发现了一名童工尸体，胸部受重伤十余处，是被纱厂日籍管理员用铁棍打死的。工人们目睹了同胞被杀的惨状后，群情激愤，立即全体罢工。

后来，经上海总商会出面调停，日本厂主答允不再打骂工人，同时每两周发放工资一次，工人才恢复工作。

这年 5 月间，日本各纱厂厂主见中国男工屡屡掀起风潮，竟将男工全部开除，换成女工。这件事引起了 22

△ 1925年5月30日，上海工人、学生举行集会和示威游行，反对日本纱厂资本家枪杀工人顾正红。

家工厂的大罢工。

事后，由上海各团体进行调停，以改良工人待遇、发还储蓄金为条件，使工人复了工。

不料，一波方平，一波又起。内外棉纱厂第八厂又无故开除了数十名工人，工人不服，推举顾正红等八人为代表向厂主交涉。交涉中，双方发生争执，日本人竟突然开枪，击毙顾正红，其余七人受伤。

受伤工人向公共租界工部局请求援助，工部局不仅不予处理，反而给工人代表扣上了"扰乱治安"的罪名，激怒了广大工人。

这年5月22日，上海各团体召开大会追悼顾正红。上海各大学学生纷纷参加，路经公共租界时有四人竟被逮捕。于是，上海学生会召开代表大会，决定组织讲演队，到租界进行宣传。

5月30日，学生联合会派出好几个讲演队在租界内游行讲演。下午，一部分讲演学生在南京路被捕，其余学生及群众共千余人随被捕学生来到捕房门口，要求释放被捕者。英国捕头爱伏生竟下令开枪向群众射击，当场打死学生四人，重伤三十人。租界当局还调集军队，宣布戒严，各大学遭到封闭。

这就是震惊中外的五卅惨案。

当天夜里，中共中央立即召开会议，决定扩大斗争规模，号召上海全市罢工、罢课、罢市，抗议日本帝国主义的大屠杀。

在共产党的领导下，上海有组织的二十余万工人于31日晚成立了上海总工会，并选举李立三为委员长。6月

1日，上海开始了全市总罢工、总罢课和总罢市。其中有二十余万工人罢工，五万学生罢课，绝大部分商人参加了罢市。

五卅惨案发生后，全国震动。革命形势发展很快，各方面都急切需要干部加强对群众运动的领导。

在这种情况下，根据共产国际的决定，苏联留学生开始分批回国。

这年6月底，共产国际通知冯平等人于7月底回国。

冯平这一批回国的共二十多人，有王一飞、聂荣臻、叶挺、熊雄、颜昌颐、张善铭、杨善集、范易、李林、纪德福等人。

冯平一行由王一飞带队，于8月上旬离开莫斯科，先乘火车到海参崴。当时的苏联火车条件很差，从莫斯科经西伯利亚到海参崴，七千多公里的路程走了约两个星期。

在西伯利亚火车上，同学们听到了8月20日国民党要人廖仲恺被刺身亡的消息。这时，冯平联想到这年3月孙中山逝世的消息传到莫斯科，他们一面开追悼会，一面深感忧虑，不知国内政局将向何处发展。现在，廖仲恺又被刺了，更增加了冯平对国内政局的担忧。

到海参崴后，他们在苏联远东海军司令家里等候回国的轮船。海参崴华侨很多，他们很想上街看看，但因为他们是学军事的共产党人，苏联方面特别强调保密，不让他们上街。

他们在海军司令家里住了几天，8月下旬，苏联方面通知他们买到了由海参崴到上海的船票。于是，他们都化装成学生的模样上了船。

尽管他们在船上非常小心，还是让日本特务机关发现了。当轮船航行到长崎暂停时，当地报纸登出消息，说有一批在苏联学习军事的中国学生最近回国。

这件事弄得冯平他们很紧张，大家在船上都准备好了口供，以便在上海登岸遇到危险时好应付。

9月上旬，轮船到达上海。那时的上海

由奉系军阀张作霖统治着，他对付红军经验不多，又忙于军阀之间的争斗，注意力不在这上面。因此，出乎大家的预料，通过海关时相当顺利，仅仅查验了护照，简单地翻一下行李就放行了。

到上海后，冯平他们先分散住进旅馆，然后按约定时间到中央报到。

接待他们的是王若飞，本是留法勤工俭学学生，也在莫斯科学习过，比他们早回来一些时候，大家彼此都很熟悉。

王若飞当时负责党中央秘书处的工作，一般事情都要先经过他，他带冯平去见了陈独秀。

陈独秀在党内是赫赫有名的人物，是党中央的总书记兼组织部长，大家的工作都由他分配。

这是冯平第一次见到陈独秀，加之早已耳闻其大名，因此特别注意。

陈独秀手里拿着一张纸，是已经事先定好了的分配名单。他先宣布了分配去向，然后简单地问了一下冯平的情况，表示欢迎他回国。

接着，陈独秀讲了一通国内革命形势和大家的任务。

他说："你们回来好啊,一部分人到南方,一部分人到北方。到南方主要是去加强黄埔军校的工作,具体岗位,到了广东区党委再决定。到北方主要是去加强冯玉祥西北军的工作。"

到黄埔以后工作怎么办,将来我们为什么奋斗,陈独秀没有讲,只是说："你们要参加国民革命,这个革命的性质是资产阶级民主主义革命。我们参加这个革命,使革命获得成功,就是好事情。"

陈独秀给冯平的印象是既不抓革命的领导权,也不注重武装斗争。

分配后,冯平和叶挺、熊雄、张善铭、纪德福、杨善集等12人到南方;李林、范易等到北方;王一飞、颜昌颐被留在党中央做军委工作,由王一飞同志负责。

这个军委是党中央最早的军委。因为当时广东区党委已成立了军事部,党员从事军事工作的越来越多,中央需要有个专门机构掌握这方面的情况，再加上王一飞同志建议成立军委，陈独秀便接受了这个意见。但那时的军委与后来的军委不同，其任务是做些军事方面的统计工作，汇集一些情况，负责人事分配工作等，是一种组织工作性质的机构，并不是一级领导机构。

冯平在上海前后共停留了约一个星期，分配完工作后，就乘轮船到了广州。在广东区党委，冯平见到了书记陈延年和周恩来等人。

那时的广州，政治空气极其热烈而紧张。一方面是革命气氛高涨，五卅运动以后的省港大罢工还在继续进行，东征大捷后回师平定了刘震寰、杨希闵在广州发动的军阀叛乱，群众革命热情高涨，第二次东征即将出师。

广东是大革命的摇篮，广东的问题牵涉到全国，广州是这个摇篮的中心，也是革命的晴雨表。

广州街上到处是醒目的革命标语，这些都很令人振奋。但另一方面，气氛又显得很紧张。自从孙中山逝世后，国民党右派正积极从事夺权的阴谋活动，不久前暗杀了国民党左派领袖廖仲恺。广东的大小军阀也不甘心失败，在英帝国主义的支持下进行各种捣乱活动。

面对这种复杂的形势，冯平的神经绷紧了。

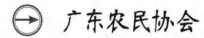 广东农民协会

★★★★★

（26岁）

冯平到广州后，被任命为中央农运特派员，留在广东省农民协会工作。

广东省农民协会简称省农会，坐落在幽静的东皋大道礼兴街一座宽敞的大院内，是一幢整齐美观的米黄色楼房。在大革命的峥嵘岁月里，它是广东80万农会会员的战斗指挥部。省农会成立后，便以此为大本营，率领全省农民干出了一番惊天动地的大事业。

省农会这座楼房原是广州商团副团长陈恭受的花园别墅。1924年10月，以孙中山为首的革命政府镇压商团叛乱后，将这座楼房没收充公了。

后来，广东农民运动讲习所由越秀南路惠州会馆迁到这里后，在这里办了第三至第五届。

这座别墅为砖木结构，楼前写着"广东省农民协会"几个大字的横匾十分醒目。

▽ 广州省农民运动协会旧址

前楼两层，后楼三层，连成一体，彼此相通，当中围着一个小天井。

门前设有两个木岗亭，由农讲所学员持枪警卫。前楼首层的大厅里挂着马克思、恩格斯、列宁的画像。厅内设有讲台，摆着一排排的长椅，可容两三百人开会的礼堂兼农民运动讲习所的大课堂。

礼堂的东西两侧和三楼是学员宿舍，前后楼的二楼相通，整层是会议室和办公室。

1925年5月1日，在中国共产党领导下，广东省第一次农民代表大会在广州隆重召开，成立了广东省农民协会，发布了《广东省农民协会宣言》，选举产生了广东省农民协会执行委员会，制订了省农民协会新章程，统一了农会的名称和旗帜。

广东省农民协会设干事局作为常设机构，后改称常委，以阮啸仙、彭湃、罗绮园、周其鉴、蔡如平等五人为常务委员。常委下设秘书、宣传、组织、经济、军事等五个部。广东省农民协会的办公室设在二楼，阮啸仙、彭湃、周其鉴等人经常在这里办公，指导各地的农民运动。

第三至第五届农民运动讲习所设在这里，毛泽东、周恩来、陈延年等人经常到这里从事革命活动。

　　毛泽东曾在第五届农讲所讲授过农民运动理论，并写出了《中国农民中各阶级的分析及其对革命的态度》这一光辉著作。

　　在广东农民协会，冯平抓紧时间虚心学习，勤奋工作，为他而后开展农运工作打下了坚实的基础。

➡ 东 征

★★★★★

（26 岁）

从 1925 年 10 月开始，冯平参加了国民革命军的东征和南征，讨伐陈炯明、邓本殷等反动军阀。冯平参加了这场战争，并作出了巨大的贡献。

1925 年 2 月至 3 月，在第一次国内革命战争中，广州革命政府所属部队在广东东江地区对军阀陈炯明部展开了第一次征讨。

原来，1924 年冬，占据广东东江地区的军阀陈炯明趁孙中山暂离广州北上之机，在帝国主义和北洋军阀的支持下，自称救粤军总司令，向其所部下达了进攻广州的作战命令。为了统一广东，顺利北伐，清除后顾之忧，广州革命政府于1925年1月15日发布《东征宣言》，组成东征联军，讨伐陈炯明。东征联军约五万人，于2月1日分三路向陈炯明部发起进攻。东征军节节胜利，仅用一个多月的时间就打败了陈炯明。

随着五卅运动和省港大罢工的相继爆发，中国人民反对帝国主义的爱国运动进入了一个崭新的时期。

与帝国主义反共分子相呼应，国内反革命派声称要推翻广州国民政府，广东省内的军阀势力和国民党右派也加紧了反革命活动。已被革命军打败的军阀陈炯明在帝国主义和北洋军阀的支持和怂恿下趁机而起，蠢蠢欲动。1925年6月间，当东征军回师广州讨伐叛军时，陈军窜回东江，烧杀掳掠，无恶不作，捣毁农会，进攻农军，捕杀农会干部，鼓动地主恶霸大搞阶级报复。

与此同时，陈炯明还极力破坏省港大罢工。他们最先恢复了汕头与香港的交通，派军舰运粮到香港，为帝国主义解围，并强迫罢工工人返港复工。此外，陈炯明还接受了香港和北方及邻省军阀的大批粮食和枪械，策划进攻广州。

在帝国主义与反革命势力相互勾结向革命势力进攻的情况下，只有彻底消灭陈炯明的反动军队，统一广东全境，并打退右派势力的猖狂进攻，才能改变国民政府的被动局面，巩固和发展国民革命。因此，不但东江人民纷纷要求征讨陈军，南路八属各界团体也要求肃清邓军，而且广州及各地人民也积极催促国民政府出兵，并肃清内部的一切反革命。

面对这种形势，国民政府在广大人民群众推动下，特别是在共产党人的促进和帮助下，作出了出兵东江的决定。

第二次东征打击的目标和进军地点虽然和第一次东征相同，但敌我阵势已发生很大变化。从革命军方面看，由于国民政府统一军政，组建了国民革命军，初步实现军事上的统一指挥，从而大大提高了部队的战斗力。

由于在国民革命军中政治工作地位的确认，使共产党人在军队中发挥了重大作用。当时，国民革命军中约有一千名共产党员，冯平便是其中的一员闯将。这对国民革命军的发展和第二次东征的胜利都具有重要意义。由于消灭了广州市内的叛军，整肃了军队，各部门、各部队加强了合作，从而能够团结战斗去争取胜利。

同时，由于这次东征同保卫省港大罢工、保卫东江农民运动紧密地联合在一起，因而它更广泛地得到工、农和各界人民群众的支援。

这次东征吸取第一次东征的经验，进一步加强政治工作。出征前夕，总政治部组织强大的政治宣传队，人数共二百余人，随军出发。

在周恩来领导下，总政治部制定了《战事宣传大纲》，拟定了《政治设施方案》，还成立了社会运动科，大力扶助工农运动，并提出发展党务工作的规划。

东征前夕，中共广东区委指定杨石魂等共产党人率领岭东革命同志会部分人士进入潮汕地区，与当地党团组织一起发动群众开展敌后斗争，策应东征军。共产党员古大存受党组织派遣，回家乡五华县组织群众武装配

△ 攻打淡水的东征军

合革命军东征。

　　10月1日起，东征军各部相继出发，预计一个月内完成战事。10月初，国民政府、国民革命军、广东省政府分别发布宣言、布告，宣布东征目的、革命军纪律和政府的政策法令，宣告第二次东征开始。

　　冯平随军出征，雄赳赳，气昂昂，

将在苏联学到的军事知识运用到战场上，受到了实际锻炼，为他以后担任军事指挥员打下了基础。

南　征

★★★★★

（27 岁）

第二次东征胜利后，国民政府消除了来自东面的威胁，广东的局势大为改观。

这时，广东南部的军阀邓本殷盘踞粤省南路和海南岛，成了实现广东统一的严重阻碍。

邓本殷原是陈炯明部属，为人极其反动。1923 年孙中山组织讨贼军驱逐陈炯明，重新在广州建立政权时，邓本殷另立山头，独树一帜，并联合南路各军，纠集地主民团和土匪，拼凑成所谓高、雷、罗、阳、钦、廉、琼、崖八属联军。

邓本殷投靠北洋军阀，并得到北京军阀政府大批粮饷军械的支持。

邓军还在海南岛任意掠夺，拉夫抽税，开烟设赌，给人民造成了无穷无尽的灾难。

省港大罢工爆发后，邓本殷接受香港政府80万元的贿买费，当上了英帝国主义的走狗，用大批粮食、物资接济香港。

为了统一广东，中共广东区委积极准备南征邓本殷。在大军出征前，派大批共产党员和青年团员潜赴南路、琼崖等地发动群众，开展革命斗争，冯平便是其中的一员干将。

大军出发之际，共产党员黄学增、王文明等在广州又发起组织广东高、雷、罗、阳、钦、廉、琼、崖八属旅省革命团体联合会，动员组织一批革命青年随军出发，到南路、琼崖各地开展政治工作和群众工作。中共广东区委还通过省港罢工委员会派出宣传队、卫生队到前方宣传和运输救护。国民党广东省党部为配合南征，组织了由潘兆銮任主席，林丛郁、黄学增、谭竹山、彭刚侠、朱蔓任委员的国民党南路特别委员会，并任命朱克靖为国民党南路组织主任，协助地方建立和发展国民党组织。

1925年10月22日，邓本殷下达《本军对省方作战纲要》，提出与东、北江友军协同消灭赤化、奠定粤局为主旨，对省方取攻势，先消灭西江南岸之敌，以全力攻取肇庆，伺机会合东江友军围攻省垣。企图趁革命军东进潮梅、后方空虚之机进犯广州。这样，就在东征军攻克惠州、乘胜东进时，南征之役也拉开战幕。

随着南征的胜利进展，南路各地的革命运动蓬勃开展起来。吴川、遂溪、阳江、廉江、电白等县相继建立起共产党组织。在中国共产党领导下，农民运动从秘密状态转入公开活动，迅速发展，并成立了省农协南路办事处。主要由共产党人主持的国民党南路特委，在各县有计划地吸收党员，建立党部，团结、吸引了大批革命分子和进步人士。

革命军在开展艰苦深入的善后工作的同时，积极准备渡海作战，进攻海南岛，消灭邓本殷军。这时，革命军已作了调整，即在进攻雷州时，国民革命军第四军军长李济深奉命率领从东江调回的第十一师和第十二师加入南路作战；第二军、第三军被调回原地驻防，任命李济深为南路军总指挥。

1926年1月，第四军开始进攻海南岛。1月中旬，先遣军渡海在琼海北岸临高一带登陆。张发奎的第十二师乘舰强度琼州海峡，进入琼岛东北岸的新榄港，随即发动猛攻，当夜即占领文昌县铺前市；接着又占领锦山市、湖山市和琼山县、三江市。22日，革命军进入琼山县城，邓本殷乘日舰逃往安南。第四军第十一师等也都随之登上琼岛，邓本殷抵抗革命军的计划终成泡影。南征军在海南追歼残敌，清剿土匪，于2月中旬肃清了全岛。至此，南征之役取得完全胜利。

东征和南征是统一广东革命根据地的战争，消灭了长期以来勾结帝国主义和北

洋军阀，反对革命，占据广东三分之二地盘的军阀陈炯明、邓本殷等反动军队。从此，从1917年孙中山南下护法以来就称广东为革命根据地，而实际上从来没有统一过的广东真正实现了统一。这就沉重地打击了帝国主义和北洋军阀，鼓舞了人民争取民族独立和自由解放的斗争。

这场战争锻炼了革命党和军队，推动了工农运动的发展，壮大了革命力量。广东革命根据地的统一，不仅使广东革命政权得到巩固，也为后来举行北伐战争，将革命推向全国奠定了基础。

冯平参加了这场战争，并作出了巨大的贡献。

 琼崖办事处

★★★★★

（27岁）

南征军进攻海南岛时，第四军政治部的张善铭、廖乾五等率部赴琼工作。当即发表《敬告琼崖同胞书》，号召人民起来帮助革命军肃清邓匪。

中共广东区委派海南籍共产党员王文明、冯平等随军返回家乡，开展革命活动。省农民协会鉴于海南农民富于革命性，曾有秘密组织农民协会的革命行动，因此决定成立省农会琼崖办事处，委任冯平为办事处主任，何毅为书记，符向一为委员。

在办事处的组织领导下，海南各地纷纷建立农会、农军和农运讲习所。到当年8月琼崖第一届农民代表大会召开时，农会会员已发展到20万人。

同年，中共琼崖地委成立，由王文明担任书记，冯平等人为委员。在共产党员和革命分子的努力下，琼崖革命形势蓬勃发展起来。

△ 王文明故居

海南岛又称琼崖，四面环海，面积 33920 平方公里，海岸线长 1584 公里，是我国仅次于台湾的第二大岛，又是祖国南疆的重要门户，在军事上具有重要地位，是南洋战略要地。

海南岛中心腹地山高林密，以五指山为最高峰，海拔一千八百多米，地势险要，在军事上易守难攻。

海南岛主要河流有南渡江、万泉河、昌化江。

海南岛不仅有丰富的海洋资源、矿藏资源和森林资源，而且由于地处亚热带，气候温和，四季皆春，是我国重要的热带作物基地，人称宝岛。

但是，新中国成立前，在帝国主义、封建主义和官僚资本主义的重重压榨下，美丽富饶的海南岛却成了一个经济上贫穷、文化上落后的地区，百姓长期陷于贫病交加、做牛做马、备受奴役的悲惨境地。

琼崖人民不甘心屈服于帝国主义和封建主义的统治，很早就掀起过不屈不挠的英勇斗争。远在清朝咸丰年间，海南人民就组织了"三点会"，也叫"三合会"，反抗清朝的封建统治；辛亥革命期间，林文英、徐成章、梁秉枢、徐天炳等加入同盟会海南支部，积极投身孙中山领导的资产阶级革命；1914年至1916年，陈侠农领导琼崖讨袁护国军反对袁世凯独裁卖国和复辟帝制的罪恶行径；陈继虞领导农民军讨伐军阀龙济光及其在海南岛的爪牙沈鸿英；1914年，海口市民举行捣毁"猪仔笼"的斗争；1915年，文昌县蛟塘市人民举行反对法国天主教堂强占农民土地的斗争；1916年，加积市民掀起反对美国教会医院院长侮辱病人的斗争等等。这些斗争都有力地打击了帝国主义及其走狗的统治地位。

五四运动像一声春雷震撼了中国大地，也促进了琼崖人民的觉醒。琼崖各阶层人民以空前的革命热情投身到这场波澜壮阔的爱国斗争，发动了一系列的反帝爱国运动。

"猪仔笼"是法帝国主义用来关押以廉价买来的城乡破产贫民当华工的地方，设在海口市得胜沙路，因为房子又黑又小，如同猪仔关在笼子里一般，因而得名。

1921年7月，中国共产党成立了。中国共产党正确地提出了反对帝国主义和反对封建军阀的主张，致力于工农群众运动。共产党还提出了与中国国民党建立统一战线进行国民革命的正确方针。在国共双方的努力下，

1924 年实现了第一次国共合作，广东成为全国革命的中心和根据地。1925 年 7 月，广州国民政府成立。为了进一步统一全省，国民革命军实行东征南伐，讨伐盘踞广东的封建军阀势力。

1926 年 1 月，国民革命军南征部队渡海作战，结束了南路军阀邓本殷在琼崖的反动统治。这就为我党在国共合作下于琼崖公开开展和领导革命运动创造了条件。

这次，冯平出任办事处主任，有了大显身手的机会。

→ 智驱王受其，活捉双土豪

★★★★★

（27岁）

1925年冬天，国民革命军第四军第十二师奉命南征邓本殷。翌年1月，南征大军在文昌县铺前港等地登陆后，势如破竹，所向披靡，仅用一个月时间就消灭了邓本殷部队。

冯平以中央农民运动特派员的身份随国民革命军前往海南岛，在岛上公开进行革命宣传和革命组织工作。他不辞辛苦，经常深入各县指导农民运动。

有一天，冯平穿着农民衣服，与新

△ 海南岛美丽风光

任命的临高县农民协会特派员林日华来到农运正在兴起但阻力较大的临高县。

当时，临高县城正在开展轰轰烈烈的破除迷信运动，他们把城隍庙及会道门等封建迷信场所的偶像捣毁了。运动很快发展到乡村，但一些农民思想有抵触，把偶像藏了起来。有些坏分子乘机破坏革命运动，出来捣乱，造谣说共产党人是共产共妻。县城的豪绅也指责共产党人，说共产党人捣毁神像有背伦常。一些绅士和地方名流竟集结在祠堂里召开所谓的公民大会,打着代表民意的幌子,向县党部、县农会提意见,反对革命。他们还动用地方学堂的公款杀猪宰羊,大摆筵席,喝得酩酊烂醉后,口出狂言,攻击共产党人,污蔑人民的革命行动。

冯平调查清楚这些情况后,为了保护革命,立即召集县党部、农民协会和各界代表开会,研究对策。会上,冯平首先发言说:"这一小撮人太猖狂了,竟敢在公开场合与共产党作对,显然是贪官污吏和土豪劣绅在背后搞鬼,我们必须狠狠地打击他们。临高法庭分庭长王受其是个贪赃枉法之徒,正是我们打击的对象,我们可以用计除掉他。我想,先让王受其审判几宗案件,我们派人陪审,要有群众参加。一旦发现他偏袒坏人,我们就提出质问将他驳倒,弄得他理屈词穷,然后号召群众鸣鼓而攻之。"大家听了冯平的主意,异口同声地叫好。

会后,冯平上门找到王受其,要他选择日期公开审判一些案件。王受其以为贪赃枉法的机会又来了,立即高兴地答应下来。

审案这天,县城和附近乡村来了许多人。王受其坐在公堂上装模作样，摆出大公无私的样子，但他很快就暴露出包庇坏人、诬陷好人的嘴脸。因为他办案不公，群众纷纷站起来质问，把他驳得面红耳赤，无言以对。于是，庭上爆发一片怒吼，群众把王受其赶出了法庭。

王受其威信扫地，无地自容，不久便收拾行李弃官逃走了。

冯平组织群众智驱害人庭长后，决定乘胜追击，惩罚一些为非作歹的土豪劣绅。他对农会干部说："打蛇要先打头，擒贼要先擒王。"他通过多方了解，掌握了一批必须打击的土豪劣绅的名单。

有一天，冯平一个人离开临高县城，向东南方向走去。警卫员看到后，悄悄地跟上了他。

冯平步行八九里，来到一个村子，见到一个身穿长袍的老人，便向前施礼，然后问道："曾道祖先生在家吗？"那位老人反问道："先生找他有什么事吗？"冯平回答说："他的一位朋友托我来拜访他。"老人点头哈腰笑着说："本人就是。"说完，高高兴兴地把冯平带回了家。

路上，曾道祖发现冯平身上插着一支短枪，有点怀疑，但见冯平只是一个人，便不怎么介意。冯平见老人家里庭院宽敞，知道没有找错人，便对老人说："我们到村边去看看吧。"曾道祖摸不清头脑，想拒绝又找不到理由，只好跟着走。到了村口，看到一个挎着驳壳枪的人，感到事情不妙，想告辞回家。冯平对他说："我专程来找你，在问题没有弄清之前，你不能离开。现在跟我走吧。"原来，那位挎枪的人正是冯平的警卫员。冯平把破坏农民运动的土豪劣绅带回县城，交给农会组织斗争，煞了他的嚣张气焰。

又有一天，冯平接到群众揭发说："新盈港有一个叫陈凤翔的土豪劣绅为非作歹，欺压群众，民愤极大。"冯平听了，怒不可遏，立即出发到新盈去，按照事前画的一张路线图边走边看。冯平走到头咀港时，向一位妇女行礼问路。那位妇女带他去见陈凤翔，冯平说："陈先生，对不起，今天要你陪我到新盈去一下。"陈凤翔开始不肯走，恰好冯平的警卫员赶来，他知道不去不行，只好点头哈腰说："我去，我这就去。"这个土豪也得到了应得的惩罚。

从此，"冯平活捉双土豪"的佳话在广大群众中广为传诵。土豪劣绅听到冯平的名字，一个个胆战心惊，罪大恶极的都纷纷逃跑了。

→ 琼崖高级农民军事政治训练所

★★★★★

（28 岁）

　　冯平在领导农民运动过程中认识了冯白驹，互相间经常来往。当时冯白驹任海口市郊区农民协会办事处主任。1926 年春，冯平和冯白驹一起深入海口市郊各个乡村发动农民建立农会。

　　1926 年 6 月，中共琼崖第一次代表大会在海口市竹林村邱氏祖宅举行，正式成立了中共琼崖地方委员会，冯平当选为委员。

　　1926 年 8 月，琼崖第一届农民代表

▷ 中共琼崖第一
次代表大会旧址
（邱氏祖宅旧址）

大会在海口市召开。冯平在会上发言，向
大会介绍了苏联在列宁领导下进行革命斗
争的经验，并指出中国也必须在共产党领
导下走十月革命的道路。这次大会正式成
立琼崖农民协会，冯平当选主任。

　　1927 年春，中共琼崖地委在海口市创
办琼崖高级农民军事政治训练所，冯平出
任所长。这是一所培养农民运动干部和军
事干部的学校。参加第一期学习的学员共
22 人，是从乐会、万宁、琼东、琼山、澄迈、
临高、儋县、陵水、定安、文昌等县农讲所

毕业生中选送来的。训练所学习军事、政治、农民运动等课程，还学习党的基本知识，学习时间为三个月。

训练所设在海口市高州会馆。冯平住在会馆里，每天天不亮就起床到操场跑步。跑一会儿后，他便来到学员宿舍，对学员们说："同志们！天亮了，快起床！"大家听到冯平的声音，便赶紧起床，背上毛瑟枪到操场操练。出操时，冯平首先对学员讲话，对前一天学习、生活情况进行讲评，并布置新的学习内容及应注意事项。

冯平身体健壮，神采奕奕，讲课时激情澎湃。他向学员大声疾呼，要他们大力发动全岛农民参加革命运动。

冯平对大家说："你们是琼崖农运的骨干和精华，在这里学习后，会如虎添翼的，回去后要把农运工作更好地开展起来！"

冯平在讲课中分析了当前的形势，预测说革命前途必多波折。他说："目前琼崖革命形势虽然很好，但国共合作的前景是否会一直发展下去，还要看客观各方面的条件，我们要有应付各种情况变化的准备。"

冯平号召学员们说："不管遇到什么样的情况，什么样的变化，大家都要忠心耿耿地在党的领导下进行工作。"

训练所有冯建农、周逸、何毅等人担任教官，分别上军事课、政治课，还进行军事训练。

果然如冯平所言，这期农训所快要毕业时，政治风云突变，大陆上吹起了反革命妖风，海南岛也掀起了恶浪，反革命风暴来临了。

 总司令

★★★★★

（28 岁）

1927 年 4 月 12 日，蒋介石在上海发动反革命政变。4 月 15 日，广东的反动军阀血洗了广州城。4 月 22 日下午，在海口和府城，以国民党三十三团团长黄镇球、参谋长叶肇为首的琼崖国民党反动派军警也倾巢出动,对各革命机关、学校实行大包围和大逮捕。接着,反革命的屠刀伸向各县, 全海南岛被捕的共产党员、共青团员和革命群众多达两千余人, 仅府海地区就有三百余人, 其中地委委员李爱春, 工会领导人林平、吴清坤,妇女协会领导人陈玉婵等我党许多优秀干部先后被捕牺牲。海南岛四·二二反革命政变标志着琼崖第一次国共合作统一战线全面破裂, 轰轰烈烈的大革命在琼崖遭到了彻底的失败。

在四·二二事变前几小时, 琼崖地委书记王文明接到中共广东区委关于撤离城市的紧急指示后, 他立即通知党的主要干部转移, 撤到农村坚持斗争。地委委员许侠夫、罗文淹撤到中路的文昌; 冯平事前已在西路的临高; 王文明、陈垂斌撤到东路乐会县的第四区。各县、市的党组织也先后撤到农村。地委领导机关设在乐四区。

在这革命的危急关头, 地委得到省委的及时指示,地委主要领导成员不失时机地转移到农村, 为琼崖接下来的武装斗争保存了领导核心。

4月下旬,乐会、万宁两县党组织接到地委的指示后,立即分别率领两县农训所学员，穿着农训所的制服，带着枪支，相继开到乐会、万宁两县边界，待命行动。不久，在海口高级农训所的乐会、万宁县学员和乐会、万宁两县部分农民自卫军也到这里集中，共有二百余人。5月12日，在王文明主持下，在军寮村开始对一百六十余名武装人员进行统一编队，成立一个大队，下辖两个中队。中队下设分队和小队，每个小队十三人。由黄埔军校毕业生、乐会县农训所所长陈永芹任大队长，万宁县中队队长为陈分年，乐会县中队队长为王学伟。队伍编好后，大家摩拳擦掌准备战斗。

当天中午，驻乐会、万宁两县交界处分界墟的国民党黄镇球部出动两个排的兵力向我军驻地开来。我军由陈永芹指挥一部分枪支较好的队伍在军寮岭迎击敌人，一个个都十分英勇。这一仗在军事上虽然没有取得显著的战果，但在政治上却扩大了影响，使琼崖人民知道琼崖党组织并没有被消灭，仍在带领人民坚持斗争，因而坚定了广大革命群众的必胜信心。

海口四·二二事变后，琼东、陵水、临高等县的党组织都在当地反动派动手之前带领农训所学员撤到农村，其中人数最多的是琼东县，包括仲恺农校全部学员和青年学生共三百六十余人，分别扎营于郭村（官村）和帝埇（礼昌）村整编训练，准备进攻加积。但是，由于我军事领导人疏忽轻敌，警戒不严，于5月16日遭到了敌人的突然袭击。驻郭村的革命武装受到损失，帝埇村武装人员则安全突围了。事后，地委派地委委员周逸到那里集中整顿队伍，坚持斗争。

琼崖党组织在革命转折关头果断地将农训所学员、农民自卫军抓到自己手中，给革命带来了希望，也为后来创建工农武装准备了条件。

1927年6月，为了加强琼崖革命斗争的领导，中共广东省委派杨善集回到海南岛，以省委特派员的身份与地委书记王文明一起在乐会县第四区宝墩村召开地委紧急会议。会议根据省委指示精神，确定当前琼崖党的中心任务是恢复和建立党的各级组织，收集枪支，武装农民，开展武装斗争。会议将中共琼崖地方委员会改为中共琼崖特别委员会，杨善集出任书记。同时，还成立了军事委员会和肃清反革命委员会，杨善集兼任军委主席，王文明出任肃反委员会主席。这次会议确定了琼崖党组织当时的中心任务，加速了党独立领导武装斗争的步伐。

会后，特委领导成员杨善集、陈垂斌留在特委机关，王文明到定安县第七区，分别指导乐会、万宁、定安的工作，许侠夫、罗文淹到琼山、文昌，冯平到西路的澄迈、临高、儋县指导工作。

这年7月，琼山、文昌、琼东、乐会、万宁、陵水等县相继成立了县委，同时组织革命武装与群众斗争相结合，反抗国民党反动派的血腥屠杀政策。从此，琼崖各地农村革命运动日渐高涨起来。

△ 宝墩村会议旧址

　　为适应形势发展需要，特委决定将各县的革命武装统一改编为"琼崖讨逆革命军"，并成立讨逆军司令部，由冯平出任总司令，陈永芹出任副总司令，杨善集出任党代表。每县为一路军，共七百余人。

　　讨逆革命军的骨干绝大部分是受过初步军事训练的农训所学员，成分多是农民，其次是青年学生和工人。琼崖讨逆革命军建立后，各县区、乡革命武装统称为农军，与讨逆革命军同时并存。琼崖讨逆革命军的成立标志着琼崖党直接领导的革命武装的诞生。会议还确定当时琼崖党的中心任务为"武装农民，开展武装斗争"。

为响应中共中央关于举行秋收起义的决定，9月上旬，在杨善集主持下，琼崖特委召开了军事会议，决定于9月间举行全琼武装总暴动。

1927年11月上旬，琼崖特委在乐会县第四区白水桑村召开第一次扩大会议，决定将琼崖讨逆革命军改编为工农革命军。总司令仍由冯平担任，党代表为王文明。取消每县一路军的番号，分设东、中、西三路总指挥：东路辖区为乐会、万宁、陵水、崖县，总指挥徐成章；中路辖区为文昌、琼山、定安、琼东，总指挥待配；西路辖区为澄迈、临高、儋县，总指挥由冯平兼任。

会议还补选并调整了特委领导成员，王文明、罗文淹、陈垂斌为常委，王文明为书记，军委主任为冯平。

→ 全琼武装总暴动

（28 岁）

　　自从冯平出任总司令后，轰轰烈烈的武装斗争在琼崖全岛展开了。

　　乐会县第四区是当时琼崖革命的中心地区，杨善集指示陈永芹和农训所学员王天俊、王文源等人组织了几个小分队，每队十人左右。

　　王天俊等人率领小分队逮捕和消灭了一些反动分子，各地革命群众也纷纷行动起来打击反动势力。

　　在此期间，杨善集、陈永芹率领革命武装袭击了中原团局和坡村、迈汤

△ 琼崖纵队出发图

乡团，缴获枪械十余支，于6月底组成一支二十多人的突击队。

7月上旬，杨善集等指挥革命武装偷袭卜熬港的警察局、盐务所，又缴获长、短枪十余支及一批财物。

王文源率领十二人组成的短枪队配合四十余人组成的龙江农民自卫军攻打石壁民团，缴枪数支。此时，革命武装队伍进一步壮大起来。

琼山县是革命武装发展较快的地区之一。海口四·二二事变后不久，王文明代表琼崖地委指示冯白驹会同陈秋辅、冯裕江组成琼山县委，任命冯白驹为书记，抽调武装人员组成了一支二十多人的短枪队。

6月，冯安全、陈大新带领短枪队袭击道崇民团和琼山县府征粮队，缴获枪械十余支，冯白驹还带领咸来、三江、道崇乡农民自卫军袭击琼山县。

不久，县委从合群、三江、咸来、道崇等乡的农民自卫军中挑选优秀分子近百

△ 中共琼山县委员会旧址

人和较好的枪械，集中于大道湖村，成立琼山县人民革命军一个中队。中队长为冯建农，下辖两个小队，第一小队长为冯安全，第二小队长为林绍杰。后来，这个中队调往特委，县委又重新组织一个大队，共计二百多人。

在此期间，文昌、琼东、定安、乐会、万宁、陵水、澄迈、儋县、临高等县也相继建立起革命武装，人数都在一百人左右，或称革命军，或称讨逆军、自卫军和红军。

从农军到讨逆革命军的每一位成员，都必须是觉悟较高的青年。在杨善集直接领导的乐会县，从农军推荐到讨逆革命军的成员还规定要填写入伍志愿表，保证遵守纪律，并经县一级领导批准后才能成为讨逆革命军的成员。

陵水县是黎、苗、汉族杂居的县，1927年后成立了中共陵水县委，由黄振士担任书记。

县委组织一支以黎族农民为主体的农军队伍，共两千多人，以坡村为根据地，与县城反动武装相对峙。

为了打击反动武装，县委于7月11日派出一部分精干的武装从坡村出发向陵水县城作试探性进攻。获悉国民党正规军驻扎在县城后，即撤回坡村。

△ 1927年11月19日，在陵水农民攻克陵水县城之后，琼崖第一个县级苏维埃政权成立，图为该县苏维埃政府旧址。

　　7月18日，县委趁驻陵水的国民党正规军队调往万宁的有利时机，决定夺取县城。陵水县讨逆革命军在七八百农军配合下，当晚从坡村出发，深夜抵达城外，拂晓发动总攻击。突击队扑近城墙，搭起人梯，越墙猛攻。经过两个小时的激战，三百余敌人仓皇溃逃，讨逆军胜利攻克陵城，毙敌十余人，缴获枪支、弹药一批。

　　7月21日，陵水县人民政府宣布成立，任命欧赤担任主席，还建立了县工会、农会、妇女会。陵水县人民政府、琼崖肃反委员会陵水分会、琼崖讨逆革命军第八大队部贴出安民布告，并宣布封闭、没收国民党反动官僚及反动地主资本家的住宅及财物。

7月25日，陵水县反动县长邱海云在国民党正规军配合下进行反扑，我军星夜主动撤离陵城，返回坡村。

此次讨逆军攻克陵城，并成立了人民政府，是琼崖人民在党领导下武装夺取政权的第一次尝试。

1927年7月15日，武汉国民党汪精卫集团公开叛变革命，标志着轰轰烈烈的大革命彻底失败了。

8月1日，我党领导了南昌起义。

8月7日，党中央召开紧急会议，确定了实行土地革命和武装起义的总方针。会后，举行秋收起义，推动了其他地区的武装起义。至此，全国革命进入了土地革命战争的新时期。

这时，驻海南岛的国民党正规军只有一个团，即第四军十一师三十三团，下辖三个营，共八百人，分驻于海口、府城、文昌、加积、金江等地，兵力比较分散。

反动地方民团及地方武装约有三千人，也处于各自为政的状态。

在革命声势的影响下，一部分民团头目带领团丁投向了革命。此外，还有一部分民团摇摆不定，保持中立状态。只有加积商团和部分民团、县兵不但枪支好，而且气焰十分嚣张。

在革命力量方面，经过两个多月的斗争，各县的农军已发展至3000人，琼崖讨逆革命军发展至1000人，并成立了由冯平统一指挥的司令部。

讨逆革命军虽然枪械极差，弹药缺少，但士气旺盛，作战勇敢。广大农民在党的领导下已经组织起来，革命情绪十分高涨。这就造就了我党领导全岛武装暴动的有利条件。

为了响应党中央的号召，配合湘鄂粤

◁ 杨善集纪念亭

▷ 陈永芹参与发
动和指挥琼崖武装
总暴动，在椰子寨
战斗中牺牲。

赣四省的秋收起义，9月上旬，琼崖特委
在乐四区召开了军事会议。冯平在会上总
结了两个月来武装斗争的情况，决定于9
月举行全岛武装总暴动，也称9月暴动。

为了加强对总暴动的领导，除了充实
军委机关外，各县还成立了暴动委员会，
具体指导本县的暴动。会议具体部署以进
攻琼崖东路重镇加积为重点，由杨善集、
陈永芹带领的乐会、万宁讨逆革命军和王
文明带领的琼山、定安两县讨逆革命军协

同作战；冯平在西路统一指挥和组织西路澄迈、临高、儋县三县的暴动；各县暴动同时举行，以便互相策应。

会后，各县负责人立即返回原地布置暴动。

这次会议是特委以武装斗争推动和开展土地革命的重要会议，是海南党有组织有计划地领导全岛武装暴动的起点。

9月中旬，琼崖特委接到广东省委《关于琼崖暴动工作指示信》。省委指示信强调指出："在琼崖的工作，切不可使其变为纯粹的军事行动，一定要含着显明的阶级斗争的意义。"

指示信提出14点具体意见，主要内容是在政治上镇压地主豪绅的反抗，推翻其政权，建立革命政权；在军事上解除土豪劣绅地主的反动武装而武装工农，发展工农武装；在经济上没收大、中地主的土地，分配给无地的农民；在组织上要在工农群众中发展愿为革命献身的人入党，对党员实行训练，严肃党组织纪律，使党支部成为领导工农运动的核心；在宣传上扩大反对蒋介石、汪精卫的宣传。

广东省委的指示信，不仅为琼崖特委即将发动的总暴动给予了具体指导，也为琼崖特委领导武装斗争提供了重要依据。

9月军事会议后，冯平代表琼崖特委立即组织进攻加积。这次作战计划和部署是先扫除加积外围的敌人据点，然后集中力量进攻加积镇。

9月中旬，讨逆军司令部命令琼山讨逆革命军一个连开往定安七区，与王文明率领的定安讨逆革命军会合；乐会、万宁各一个连讨逆革命军开往特委驻地集中待命；琼东讨逆革命军负责破坏三发岭桥和里草桥，阻击敌方从文昌、海口开往加积的援军，并动员群众封锁道路，严禁食品上市。

9月21日拂晓，讨逆军进攻加积外围椰子寨的战斗打响了。

此地距加积20里，在万泉河南岸，是乐会四区和定安七区通往加积的交通要道。

不久前，加积驻军收编朱振球、李文辉两股土匪，共三十余人，组成乡团进驻该地。

战前，王文明按预定计划，率领琼山、定安讨逆革命军两个连从椰子寨对岸的丹村分乘八只木船在夜幕掩护下冒雨偷渡万泉河，向椰子寨挺进。与此同时，杨善集、陈永芹率领乐会、万宁讨逆革命军两个连以及几百群众从特委驻地出发，趁夜冒雨向椰子寨进军，但由于夜间走路，未能按时赶到目的地。王文明审时度势，当机立断，仍按预定时间向椰子寨守敌发起进攻，歼敌一部。敌人大部分溃逃，我军一举占领了椰子寨，首战取得了胜利。

当天上午 8 时，两军会师后，随即决定由王文明带原部队渡河返回丹村，迷惑加积镇的敌人，待机行动；杨善集带领的部队及随军群众留在该地开展宣传活动；乐会的一个连讨逆革命军开往加积方向的加所坡警戒。

上午 11 时，敌黄镇球部营长廖尊一、加积商团队长颜植南率部反扑，杨善集、陈永芹亲自指挥乐会、万宁部队占领加所坡高地阻击敌人。

我军枪支太差，子弹也少，每杆枪只有十多发子弹。这样的军队难以抵挡敌军猛烈火力的攻击，只得暂时撤退。杨善集、陈永芹在战斗中英勇牺牲。

△ 冯白驹将军雕像

　　杨善集、陈永芹牺牲后，我军停止进攻加积的作战计划，乐会、万宁部队返回乐四区。不久，王文明带领的部队也开往乐四区。

　　椰子寨战斗打响了全岛武装总暴动的第一枪，其意义和影响是重大的。

　　后来，"九·二三"成了琼崖革命军的诞生日。

　　在冯平的指挥下，其他地区也展开了武装斗争。

　　在琼山县，冯白驹领导的武装暴动也搞起来了。

第十一区委组织农军及群众几百人包围塔市盐警队，打死打伤了两名敌人头目。

第九区区委书记李俊庄等带领二三十名农军和千余群众围攻谭墨炮楼。

县委派冯安全等六七名短枪手潜入三江市国民党党部，打死了反动分子陈壮臣。

几天后，县委又组织几千农民趁夜包围三江墟，逮捕反动分子，召开民众大会，公审处决了一名反动分子。

9月12日，县委指挥琼山讨逆革命军在群众配合下攻打道统、岭后伪民团炮楼。

10月，讨逆革命军于大致坡附近的根竹村伏击黄镇球部运粮汽车，打死敌连长以下十余人，缴获枪械十余支。

此后，县委迁到第十七区新湖村建立根据地。

在特委特派员兼文昌县委书记许侠夫的领导下，文昌县商人罢市，学生罢课，广大群众纷纷行动起来毁桥断路，配合讨逆革命军作战。

9月12日，讨逆军在百余名群众的配合下，趁夜袭击文教墟。国民党文昌县县长邢森洲率军救援，被讨逆军击溃，讨逆军威震全县。

琼东县委在进攻加积计划取消之前，执行特委命令，配合总司令部的斗争，迁驻距县城四里的里文。县委派十多名讨逆革命军潜入县城，联系在敌人内部工作的地下党员曾繁森，在县城举行暴动。

　　曾繁森率领十八名士兵举行起义，讨逆革命军和起义士兵冲入国民党县党部，打死县清党委员王祚琨，反动县长罗让贤等人逃往加积。

　　讨逆革命军为了断绝加积援兵，派武装部队拆毁了从加积到县城之间的三发岭桥。敌军将桥修好后，讨逆军又一次将桥拆毁。在这次战斗中，特委委员周逸英勇牺牲了。

　　为了阻止敌人从海口向加积增派援兵，讨逆革命军又烧毁了里草桥。

　　在暴动期间，县肃反委员会主席雷永铨派人没收伪清党委员周航坚家的粮食，以肃反委员会名义张贴布告，宣布反动分子的罪状，宣传我党政策，从而扩大了影响。

9月军事会议后，在冯平的指挥下，武装暴动在琼崖各地开展起来，革命武装连续攻陷几座县城，给敌人以沉重的打击，影响很大。

中共中央南方局和广东省委认为琼崖敌人力量薄弱，只有一个团800人，农军甚为活跃，因此颇有占据琼崖作为军事策源地的可能。

为此，南方局于10月24日制订了《经营琼崖计划》。计划派军事人员将原有农军以军队编制训练，秘密调广州工人纠察队600人前往琼崖，设法将子弹及制造炸弹原料机件运往琼崖，预筹军费10万元。第一次需要军械：驳壳枪2000支，每支配子弹500发；七九、六五步枪5000支；手榴弹5万个；轻、重机关枪共150支。通过时任张发奎第四军二十五师参谋长的中共党员张云逸向张发奎提出派张云逸以张发奎第四军名义到琼崖招兵，成立部队驻守琼崖，将三十三团调回广州的建议。同时指出，这个建议若被采纳，就利用张云逸到琼崖招兵的机会招收党团员和革命农民加入，成立部队，设法使原驻部队调出或以武力消灭之，然后舍弃第四军名义，

▷ 徐成章

　　而改为工农革命军，割据琼崖。在此前后，
南方局和广东省委相继派遣省委常委杨殷
和徐成章、刘明夏等到琼崖指导工作。

　　11月上旬，琼崖特委为进一步贯彻
八七会议精神，传达南方局及省委的指示，
在乐会县第四区白水泉村召开第一次扩大
会议。会议听取了杨殷传达上级的指示，
讨论通过了《特委第一次扩大会议决议案》
和《新的军事计划》。决定在琼崖进一步扩

大武装暴动，开展土地革命，建立苏维埃政权，建立革命根据地。在军事行动上，集中一部分武装到南路，先夺取陵水、万宁、崖县。又在西路集中一部分武装帮助农民夺取儋县、临高，然后会师，与全岛民众通过一个最剧烈的暴动，夺取全岛。并请求省委组织一部分武装人员和运送一部分枪支弹药来琼，以保证《新的军事计划》的实现。在军事组织上，决定将琼崖讨逆革命军改编为工农革命军，总司令仍由冯平担任，党代表为王文明。取消每县为一路军的番号，分设东、中、西三路总指挥部：东路辖区为乐会、万宁、陵水、崖县，总指挥徐成章；中路辖区为文昌、琼山、定安、琼东，总指挥待配；西路辖区为澄迈、临高、儋县，总指挥由冯平兼任。会议补选并调整了特委领导成员，王文明、罗文淹、陈垂斌为常委，王文明为书记，军委主任为冯平。

11月中旬，特委根据扩大会议决定，着手对讨逆革命军进行调整，改编为工农革命军。从乐会、万宁、琼山、琼东四县各抽调一个较强的连，集中于特委驻地整编。乐会、万宁两个连，整编为第一连，连长王尧；琼东连整编为第二连，连长符乔；琼山连整编为第三连，连长吴均南。每连编足130人。部队整编后，开到万宁县第四区的孤村，正式成立东路总指挥部，徐成章为总指挥、党代表兼参谋长。徐成章代表特委将绣有镰刀、锤头的三面红色战旗分别授给三个连队，并传达了特委《新的军事计划》，郑重宣布这支部队改称为琼崖工农革命军，给广大指战员以巨大的鼓舞。

1928年1月下旬，东路工农革命军已改编为三个营零一个连，共800人，分驻于东路各县。第一营由三个连组成，驻于陵水，营长孙成达，副营长郭天亭；第二营驻万宁，营长谢育才，参谋长何毅，党代表林华；第三营驻乐会，营长符南强，参谋长周朝郁。

特委特别重视这支主力军的质量，强调要按照杨善集当年组建讨逆革命军时所规定的一些原则进行整编，要求编入工农革命军的成员必须具备三个条件：（一）要有好枪;(二)勇敢冲锋;(三)年轻力壮。否则,只能编入农军。因此,讨逆革命军改为工农革命军的过程也是我军充实、提高的过程。军内的成分大部分是革命学生和贫苦农民,其中党员数量较多。

在工农革命军整编的同时,地方性的农军也实行了整编。截至1月下旬止,已编成队伍参加作战的有1300人。

琼崖特委为加强部队建设,在部队的日常政治工作中特别强调纪律教育,规定了没收归公、不吸烟、不喝酒等纪律。部队进驻崖县藤桥墟时,曾有个别人员擅自动用没收的公款,用以吃喝。徐成章严肃处理了此事,并通过此事在部队中开展批评和自我批评,进行一次普遍的纪律教育。这种加强政治工作的做法促使部队内部官兵一致,生活上一律平等,形成了我军的严明纪律。

11月中旬,黄振士参加特委扩大会议后,回到驻地陵水坡村,传达会议精神,决定11月25日再次进攻陵水县城,并派人将攻城日期报告特委,冯平同意了。

11月21日,工农革命军东路总指挥徐成章奉命率领三个连三百余人从万宁县第四区孤村出发,进军陵水。

22 日，我军途经和乐墟，击溃该墟守敌，首战告捷，士气高涨。

23 日拂晓，部队向牛岭急行军，当夜 12 时抵达杨梅，准备趁敌不备通过牛岭关隘。牛岭驻有铜岭民团据险把关，易守难攻。

24 日，徐成章派一个班化装成敌军插入敌人心脏，后续部队以迅雷不及掩耳之势攻进牛岭关隘，生擒民团团长姚平，团丁闻风而逃。我军顺利通过隘口，继续向陵水挺进。

25 日拂晓，陵水一千多农军在总指挥王昭夷率领下包围了县城。国民党陵水县长邱海云弃城逃跑，陵水农军第二次占领了县城。

当天下午，徐成章率部赶到陵水，对威慑敌人、稳定和发展陵水局势起到了重大作用。

12 月中旬，陵水县工农兵代表大会召开，宣布成立陵水县苏维埃政府，王业熹为主席。县政府下设宣传、土地、民政、财政、交通、妇女、军事等七个科。为保障战争供给，县政府特别设立了经济委员会，符良清被任命为主任。特委还派陈垂斌等一批党政干部帮助陵水建立地方政权。

为了巩固陵水革命斗争成果，扩大红色区域，徐成章除派部队追击残敌外，还在东路军指挥部驻地陵水圣殿办了工农革命军干部学校，委任黄埔军校毕业生游济为校长，从部队中抽出排长王学志、王学伟、班长黎光昌等协助进行军事训练。

该校开始时只训练陵水农军骨干，后来扩大为训练全岛各地派来的军事干部，先后共培养军事骨干两百余人。

东路军在稳定陵水局势后，继续向新村港进军，占领了新村港。陵水苏维埃政府将没收反动分子的财产由新村港用帆船源源不断地运往特委驻地，同时组织文昌、乐会、万宁等县到新村港捕鱼的渔船将食盐、藤竹、木材等土特产运到北海、香港等地出售，换取军需品。

东路军占领新村港后，对我军取得给养和巩固陵水县苏维埃政权都起到了重要的作用。

陵水农军攻陷陵水县城和县苏维埃政府的建立，给全岛各县革命军民以巨大的鼓舞，大大地推动了全岛土地革命的发展。

东路军占领新村港的第二天即挥戈南征，在南区农军的配合下占领了崖县藤桥墟。盘踞崖县的国民党县长王鸣亚大为震惊，急令加紧修筑工事，准备负隅顽抗。

徐成章根据我军枪支弹药虽然缺少，但战士们都具有不怕牺牲的革命精神这一特点，在占领藤桥时发动工匠赶制五寸土刺刀，每枪配上一把，并将原藤桥的农军整编为补充连，任命陈保甲、张开泰为正副连长，坚守藤桥。

与此同时，徐成章下令分兵发动群众，揭露反动县长王鸣亚的罪恶，提高群众的革命觉悟，使当地黎族首领亚豪等人受到了教育。他们响应革命，组织起一支几百人的猎枪队，随军南征，与我军共同作战。

12月中旬，徐成章按照冯平原定夺取崖县的计划，趁敌人正规军鞭长莫及的有利时机，先机制敌，率领部队继续南征。

1928年1月中旬，我军向三亚发起进攻。敌人在三亚的防御工事比较坚固，易守难攻。徐成章采取调虎离山之计，先让黎民猎枪队向敌人阵地进攻，然后佯败逃跑，引诱敌人追击。敌人果然中计，打开工事大门疯狂追赶。徐成章亲自率领埋伏好的驳壳排一拥而上，趁机占领了敌人的工事，攻进了三亚街。接着，集中全部兵力进攻三亚港。

王鸣亚率领反动武装乘船逃到海里，落在后面的残敌见逃脱不了，忙将枪械投向大海，企图游水上船。

我军第二连战士大多是渔民出身，懂得水性，带上五寸土刺刀游了上去，刺死了海中一些敌兵，并打捞出敌人投入海中的一些枪支。

我军仅用一天时间就占领了三亚，受到当地百姓的热烈欢迎。

这时，徐成章决定乘胜追歼王鸣亚残部，继续进军崖城。但在攻克三亚的第三天，接连收到特委三封急信，命令回师陵水。

1月29日，根据特委命令，徐成章率部配合驻万宁县的工农革命军第二营进攻万城，因联络不上，军队作战失利。

2月4日，在乐会、万宁边境的分界墟战斗中，徐成章身先士卒，向敌人进攻，不幸中弹牺牲，我军失去了一位优秀的指挥员。

后来，东路军开回乐会、万宁边境，分别发动群众，开展土地革命。

东路军在两个月内横扫四百余里，所到之处相继成立区、乡革命政权，开展土地革命。从乐会县的阳江墟到琼南的三亚，在二百余里的长形地带中，除残存的少数敌人据点外，广大农村全被革命力量所控制，乐会、万宁、陵水、崖县四县的红色区域基本连成了一片。

枪杆子里面出政权

★★★★★

（28 岁）

早在大革命失败前，冯平经常到临高指导工作，组织农民运动，建立农民自卫军。

在冯平的领导下，西路各地农会纷纷集款购买枪支弹药，还集中猎枪、长矛、大刀、藤牌等武装农民，编队训练，站岗放哨，保护农村。

当时，冯平振臂一呼，农民运动搞得热火朝天，农民武装也迅速发展起来。到 1927 年 3 月，临高全县共有农民自卫军三千多人，长短枪一千多支。

大革命失败后，海南乌云翻滚，国民党鹰犬叶肇的反动军队开进临高城，展开了血腥的大屠杀。

为了保存革命力量，中共临高支部全体党员和农训所全体学员七十多名骨干从县城转移到新盈港。

冯平在新盈文昌阁主持召开紧急会议，决定支部成员必须立即分赴各区农会，继续宣传革命，发动群众，组织群众，发展武装力量，坚持革命斗争。

大革命失败后，大批共产党人和革命群众遭到国民党反动派的屠杀。在腥风血雨中，有人坚定不屈，有人临阵逃脱，也有人叛变投敌。犹如大浪淘沙，革命的暂时挫折考验着每一个共产党人。只有信念坚定者才能经得住考验，继续革命。

真正的革命者总结了大革命失败的经验教训，确定了土地革命和武装反抗国民党反动派的总方针，从此揭开了第二次国内革命战争的序幕。

冯平认清了革命形势，知道只有枪杆子里面才能出政权。于是他和梁兆仍渡海经西营（今湛江）到香港，购买一批军火，运回海南发动武装起义。

这年7月下旬，冯平指示刘青云召开会议，传达并研究攻打临高县城、建立革命政权等问题，并决定于农历8月15中秋节那天采取行动。

农历8月12日这天，冯平、梁兆仍从西营回到新盈港，带回十多支短枪。

冯平和刘青云等进一步研究行动方案，决定提前于8月13日攻打临高县城，由新盈、东英自卫军负责围攻，让城内工农自卫军做内应，各地自卫军向县城集结，配合作战，务求全胜。

8月13日深夜，新盈自卫军在龙兰附近的公路上集合，冯平和符英华率领东英自卫军二百多人在县城北门外埋伏好。等到夜静更深时，县城内的工农自卫军剪断了敌人的电话线，农军队长符蛟臣打开县城北门。

县警卫队官兵和国民党县政府官员遭到突然袭击，疑是神兵天降，慌忙抵抗，怎敌得过自卫军人多势众。

敌人溃败，企图从城东逃往金江，被我伏兵截击。除县长到广州办事未归侥幸漏网外，其余县政府官员和来不及逃跑的敌军都做了俘虏。

红军大获全胜，缴获了一批枪支弹药。

8月14日凌晨，各乡农军也入城与义军会合，占据了县城。百姓奔走相告，欢呼雀跃。

自卫军佩戴红袖章维持治安，冯平布置自卫军张贴安民告示，并派人迎接各路友军，联合起来，摩拳擦掌，准备迎击敌人援军的反扑。

第三天，国民党鹰犬叶肇派 12 辆军车出动，满载着武装士兵直驰临高县城。

面对强敌，冯平临危不乱，冷静地与大家研究后，决定不与强敌硬拼，暂时撤到农村去积蓄力量，等待时机，以期再战。

自卫军撤出县城后，冯平及随行人员转移到澄迈继续从事革命活动。

10 月上旬，冯平指示儋县、临高的讨逆革命军和农军统一行动，联起手来再次对敌人发起进攻，并决定在双十节前后攻打儋县县城新州镇。

战前，儋县党组织负责人黄金容、张兴等带领讨逆革命军和农军四百余人在泊潮村集结。临高讨逆革命军和农军二百多人在王政平、符英华带领下集中于临高的碉楼，10月10日上午他们从抱才港乘三艘帆船出发，傍晚在儋县的泊潮港登岸，与儋县武装会合。

11日清晨，七百多人的武装队伍雄赳赳气昂昂地向新州挺进。沿途，农民听说要去攻打新州镇，纷纷拿起长矛、大刀参加了暴动行列。

11日下午和12日拂晓，红军连续进攻新州，终于得手，毙敌90人，缴获一大批武器，打开监狱救出共产党员张炳辉等人及群众百余人。

我军占领新州后，宣布成立临时革命政府，张兴出任县长，符英华出任新英警察署长。

儋县临时革命政府巍然挺立15天，为百姓做了许多好事。由于敌人反扑，我军主动撤回农村。

西路总指挥

★★★★★

（28 岁）

1927 年 10 月，冯平和随行人员昼伏夜行，来到澄迈县的孔水村。

孔水村远离澄迈县城，村后南山连绵不断，是个交通阻塞、位置偏僻的穷山村。

这个村有四个联村，总共一百多户，三百多人。

冯平一行到孔水村后，便走村串户，访贫问苦，深入发动群众，宣传革命道理，深得民心。

孔水村的群众把冯平看成亲人，称

他是"真正的共产党员"。

村里青年在冯平的感召下踊跃参加红军，建立了一个红军连，有七八十人，六十支枪。

冯平在塘北村小学开会，宣布成立中共澄迈县委，吴一清出任县委书记。会上，冯平说："琼崖特委决定组织西路指挥部，到会的同志回去要发动群众参加武装斗争，建立革命根据地，扩大工农武装，以革命的武装反对反革命的武装。"

与会者听后，一个个欢欣鼓舞，无不信心百倍地去发动群众。

11月中旬，冯平跋山涉水来到澄迈县下岭村，召开西路各县代表会议。会上，儋县、临高、澄迈三县代表向冯平汇报了发动群众组织武装队伍的情况，受到冯平的表扬。

接着，冯平作了海南岛内外形势和组织工农红军问题的报告，强调说："我们要继续发展和扩大工农红军，坚持和敌人进行武装斗争。"

会议决定成立西路工农革命军，最后会议在与会者的欢呼声中结束。

农历 11 月 19 日,工农革命军西路指挥部正式成立,选举 21 人组成领导机构。总司令冯平兼任西路总指挥,冯道南、王开礼、黄善藩、刘青云出任副指挥。

西路工农革命军成立当天,从临高逃来的群众报告说:"一群白军劫掠龙坡村,正在杀人放火,我们好不容易才逃出来。"

冯平听说后,义愤填膺,命令道:"冯副总指挥,快率两连革命军去打击敌人,要保护好群众。"

冯道南回答道:"是!"

冯道南率革命军赶到临高县龙坡村,把白军包围起来,除少数听到枪声后逃跑外,大部分敌人被消灭。革命军缴获长短枪 22 支,高唱凯歌返回营地。

西路工农革命军成立的第二天,临高、澄迈两县国民党部闻讯后,立即组织反动武装六百多人如狼似虎地向下岭村红军展开进攻。

这时，只有一连革命军守在村里。见敌军大队人马冲了过来，他们一面迎击来犯之敌，一面火速派人向指挥部报告。

冯平接到报告后，立即通知下岭村红军说："同志们，不要怕，白军都是纸老虎，没什么了不起。你们要充分利用村庄周围的有利地形坚守阵地，打击敌人，等候援军。"

同时，冯平派出三连革命军增援，要他们利用夜间袭击敌人。

村中的革命军英勇作战，坚守阵地，还不时发起冲锋。敌人进攻一个下午，死伤几十人，也未能攻进村庄。

太阳下山后，增援的革命军赶到，从背后袭击敌人。枪声四起，内外夹攻，敌人伤亡惨重，连夜撤军了。革命军取得了保卫战的胜利，从此威名远扬。

为了扩大革命军，冯平派王开礼举行了那舍起义。

王开礼原是北京大学学生、共产党员，时任那舍区党支部书记，西路革命军副指挥。他潜入敌军搞兵运，一直没有暴露身份，当上了临高县那舍区国民党团董，取得了国民党的信任。

临高县国民党反动派甘做蒋介石的走狗，命令王开礼带兵攻打共产党领导的革命军。

1928 年农历二月初二，王开礼受命杀牛摆酒，宴请官兵，准备出发剿共。

酒酣耳热之后，两个连一百多人持枪列队待命。王开礼走上前去，对士兵们说："人家叫我们打共产党，共产党是好人还是坏人？"

士兵们回答说："是好人。"

王开礼说："既然是好人就不要打了，你们想不想做共产党？"

士兵们回答说："想做，只是没人指路。"

王开礼说："好，既然大家想做共产党，我可以指路。愿做共产党的就挂红吧。"

士兵中有不少人已经是共产党员了，平时常向士兵做宣传工作。王开礼于事先早已经布置好了，叫他们届时拿出红布条挂在胸前以示愿做共产党。

王开礼刚说完，他们便都拿出红布条来。没有红布条的通通同意整编，编成了两个连。

王开礼在撤离那舍时不幸牺牲了，部队由邱开封率领开往澄迈孔水村。冯平等领导人会见全体指战员，鼓励大家英勇杀敌，为百姓求解放。群众特地杀猪犒劳这支起义军，和他们举行了联欢。

孔水村是琼崖工农革命军西路指挥部所在地，这里民风淳厚，风景如画。

冯平住在贫农王宗荣家里，受到了如亲生儿子一样的待遇。

澄迈、临高、儋县三县革命军先后到达澄迈县太平、孔水村一带集结，共十个连，八百多武装人员。其中有一个短枪连，有六十支驳壳枪。革命军中有女战士七八十人，一个个飒爽英姿。

在冯平指挥下，革命军天天操练，时刻准备打仗。他们经常帮助百姓种田，受到百姓的关爱，是真正的人民子弟兵。

战略转移

★★★★★

（29 岁）

琼崖革命形势的蓬勃发展使国民党反动派惶恐不安，于是他们决定武力征服，血洗海南岛。

1928 年初，国民党广州政治分会决定在广东全省设东、西、南、北四个善后区。南区自高、雷、钦、廉到琼崖，计三个市二十八个县，以陈铭枢为善后委员。

南区善后委员公署设在琼崖的府城。府城是个镇名，即琼山县府城镇。

这年 3 月中旬，国民党广东当局派第十一军第十师师长蔡廷锴率领所部第

二十八、二十九、三十等三个团及谭启秀独立团一个营共四千余人分批开到海南岛。敌人磨刀霍霍，杀机四伏，海南岛顿时陷入白色恐怖中。

蔡廷锴到海南岛后，先行制造反共舆论，发布《剿匪条例》，声称"不论共匪、农匪、土匪，凡为害地方者皆在剿杀之列；凡共匪所组织之农会、农军应一律解散，回乡务农"。

琼崖中路革命军面对强大的敌人，考

△ 琼崖纵队战士在大树下上政治课

虑到如果硬坚持下去，粮食、子弹都成问题，于是决定战略转移。县委机关与红军突围后，回到南渡江东岸。

红军东渡后，与跟踪追击的敌军遭遇，从上午一直打到下午，双方各有伤亡。由于红军经过几次战斗，消耗较大，当晚便开往树德乡集结，向乐四区转移。中路负责人冯白驹带领县委武装在琼山县打游击，坚持隐蔽斗争。

蔡廷锴围剿中路得手后，又于4月下旬将矛头指向西路，集结二十八团三营、二十九团一部、地方民团共一千余人向澄（迈）临（高）革命根据地进攻。

西路军民在琼崖红军总司令兼西路总指挥冯平的率领下，在太平地区占据有利地形，多次击退敌军，给敌人以大量杀伤。但是，终因敌我力量悬殊，加上红军弹药缺乏，不得不被迫转移。

部队转移时，为了配合赤卫队掩护群众过河，不幸被敌军包围，伤亡惨重。

冯平率领部队撤到赤行岭，召开干部会议，总结经验教训，并研究对策。最后，决定避实就虚，转战临高，攻打临城，调虎离山，转移敌人的视线。

4月中旬，敌军继续向各革命根据地进行"围剿"，而陈铭枢则坐镇琼崖，命令在整个海南岛实行保甲法，强化对群众的控制。

在这种险恶的情况下，面对白色恐怖，中共琼崖各级组织仍然继续坚持革命，领导海口、嘉积等城镇进行斗争，开展工运和兵运，举行暴动，以策应和配合各革命根据地的反"围剿"斗争。

面对优势敌人的进攻，冯平决定将部队分散活动，开展游击战。

1928年农历三月初三，冯平在北芳村召开西路党政军干部扩大会议，讨论进一步扩大革命军和部队作战问题。参加会议的有西路党政负责人和各连干部共六十多人，琼崖工农革命军政治部主任符节也从东路赶来出席会议。会议原定要开九天，但开到第七天时，敌人就开始进攻了。

这天早晨，从远处传来断断续续的枪声。传令兵走进会场向冯平报告："报告，远处有机关枪的声音，可能有大股敌人前来进攻。"

冯平说："是不是地方团丁搞鬼，燃放鞭炮，你再去仔细听听。"

传令兵出去探听后，又回来报告说："的确是重机枪的声音。"

冯平从会场走了出来，站在院子里侧耳一听，便知道是重机枪声在响个不停。他说："这是敌人正规军在打枪。"

冯平沉着镇定地走到村边，登上高地，在树林里仔细观察。

原来，蔡廷锴手下有个副团长叫陈国勋，正带着两个营五百多人，并纠集团丁一千多人，配备轻重机枪，盲目地向革命军驻地展开了袭击。

冯平见敌人距村子已经不远了，火速布置参加会议的指挥员分头带领部队反击。他自己则带领一百多名战士占领村外高地，准备迎头痛击敌人。

战士们埋伏在高地上，等敌人距阵地前沿只有三四十米时，冯平一声令下，战士们猛烈开火，打得敌人抬不起头来，丢下一大片尸体，狼狈而逃。

连长蔡云霖按照冯平的命令，带领全连战士在另一座山头英勇阻击敌人，保护群众渡河撤退。

红军从早晨一直打到中午，敌人在指挥官的催逼下，集中兵力，如狼似虎地多次冲锋，最后终于把革命军打散，蔡云霖不幸中弹牺牲了。

这时，一位叫蔡文华的女战士临危不惧，挺身而出说："同志们，连长虽然牺牲了，我愿意负起指挥的责任。大家跟我来，齐心协力消灭白匪军，为连长报仇。"

战士们异口同声地回答说："好，听你的，我们一定要为连长报仇！"

蔡文华带着二十多名战士边打边退，从中午一直打到黄昏，一枪撂倒一个敌人，打得敌人不敢再追了。

入夜，蔡文华带着战士们摸黑回到指挥部，向冯平报告了战斗经过。冯平紧握着她的手说："打得好！给你们连长报了仇，真是好样的。回去让大家好好休息，马上要打大仗了。"

第二天，敌人大军压境。冯平在赤行岭召集军事会议商议对策。最后，冯平对大家说："从目前敌我双方力量对比来看，是敌强我弱。敌人人多枪好，我们不能同敌人硬拼，要避实击虚。现在，敌人重点进攻澄迈，我们立即转战临高，进攻临高县城，转移敌人的目标，调动敌人。"

会议结束后，冯平命令部队连夜急行军，向临高进发。从夜里 10 时开始，马不停蹄地连续急行军，于次日上午 8 时在临高的东江与地主武装民团遭遇，战斗立即打响了。

战斗持续到下午 2 时，红军战士奋勇杀敌，打死打伤民团三四十人。民团招架不住，便在路上布满荆棘，堵死通道，并封锁路口，阻止红军前进。

革命军撤到澄迈下岭和北芳两个村子里，草草吃了一点番薯，当做晚饭。

饭后，革命军继续连夜行军，转移到琼山县和澄迈县交界的儒万山，打算和琼山县的革命军会合。

琼山县革命军本有五六百人，经常驻扎在儒万山上，但这时已经转移了。

西路革命军在儒万山休整一天，迅速恢复了战斗力。

第二天早上，天刚蒙蒙亮，敌人的追兵就到了。

这天夜里，革命军撤出儒万山，回师澄迈，开始与敌人捉迷藏。

 ## 临危不惧

★★★★★

（29岁）

在异常艰苦的日子里，冯平和战士们同甘共苦，就像普通士兵一样。

冯平同战士一样行军作战，还把战马让给伤病员骑。他同战士吃一样的饭菜，穿一样的粗布衣裳，脚蹬一样的自编草鞋。

有一天，在行军路上，冯平见两个战士扛一门笨重但杀伤力极大的自制土炮，走路很辛苦，累得直喘时，便上前接过土炮，往自己肩上一放，健步走了四五十里路，毫无倦意。战士们看了无不佩服，都说："我们司令力大无穷，真是神勇无敌啊！"

部队开到西昌、坡尾，休整了十多天后，敌人闻讯，尾随而至，又来进犯。

当时，天刚蒙蒙亮，驻坡尾的部队正准备出操，突然枪声大作。

部队发现敌人来犯，立即还击。

敌我双方激战两小时，互有伤亡。我军发现敌人占优势，便毅然放弃坡尾，实行战略转移，撤到西昌，受到西昌县委领导的热情欢迎。

西路部队四百多人集中到西昌后，西路革命军指挥部重新部署，在主要路口挖了战壕，插上竹签，严阵以待。

农历四月初七到初八，西路革命军指挥部和西区县委在西昌庆云村联合召开了两天紧急会议，会议结束后又召开了扩大会，冯平在会上说："蔡廷锴纠集地方反动民团，集中力量向我西路红军进攻。敌人西来，我们东去，现在立即向母瑞山进军。"

冯平布置参加会议的指挥员回去动员部队，迎接新的战斗。

就在这千钧一发之际，革命阵营内部出了叛徒。

西昌区苏维埃政府主席王明成出身大地主家庭，在海南革命大潮的推动下也参加了革命。

王明成有一个胞弟名叫王明范，是西昌区苏维埃政府的驳壳队长，带领六个人，有六支驳壳枪。

如今，王明成见敌人大军压境，怕得要死，动摇了革命意志，竟勾结胞弟王明范叛变投敌了。

王明成利用大家对他的信任，偷偷逃到澄迈县金江镇，串通白军，为他们做向导，带蔡廷锴部副团长陈国勋的两个营五六百人，外加民团一两千人，从金江开到西昌，向我军展开疯狂的进攻。

革命军部队驻扎在西昌地区仁教岭一带的乡村里，冯平、王文宇、冯道南、黄善蕃和驳壳班六个警卫员住在仁教岭半山腰的草寮里。

当时，国民党白军张贴布告，说抓到冯平赏1000

光洋，抓到其他红军干部赏 500 光洋，打死割头的赏 300 光洋。

5 月 27 日夜间，陈国勋带领的白军和民团向西昌革命军展开进攻，攻势甚猛。

次日天刚蒙蒙亮，叛徒王明成、王明范带着一路白军从小路上山，偷袭冯平住的草寮。

冯平的警卫员发现敌人后立即开枪，冯平和战友听到枪声后冲出草寮向白军射击，边打边撤。

双方激战中，冯平的警卫员有的牺牲，有的被打散了。

冯平边打边退，穿过枫树林，避开正面敌人，向山下转移。不料，当他走到山脚时，不慎踩上竹签，鲜血顿时涌了出来。

冯平强忍剧痛，继续前行，走过一片水田，想从田边的小山丘突围。这时，因伤势太重，流血过多，他再也走不动了。

叛徒带着一大群白军追了过来，冯平

举枪瞄准敌人，但扣动扳机后枪却不响，原来子弹已经打光，他不幸落入魔掌。

 ## 壮烈牺牲

★★★★★

（29岁）

冯平被捕的第二天，敌人在澄迈县金江镇到处张贴布告，上面写着醒目的大字："共匪头目冯平被擒。"

这一天是金江墟日，成千上万的农民从农村前来赶墟。看到冯平被捕的布告后，心情都很沉重，有的人掉下了眼泪。这时，镇上纷纷传说："冯平今日要送来金江。"

△ 冯平被捕后,敌人将他从西昌抬回澄迈县金江市(绘画)

　　平时赶集,人们聚一阵就散了。但今天不同,已经 10 点多钟了,还陆续有人从附近的村庄赶来。人们都想再看一眼冯平,再看一眼自己的恩人。

　　11 点多钟,人们拥向河边,遥望对面河岸说:"冯平来了!"

　　只见对岸四个国民党兵抬着冯平上船过河,后面跟着国民党军副团长陈国勋及大队敌兵。

船过了河，敌军抬着冯平上了岸。冯平被绑在交椅上，面无惧色，脸上流露出大义凛然的神情。交椅两旁各绑一根长长的竹竿，用四个白军士兵抬着。

见群众围观上来，冯平清了清喉咙，对站在路旁的群众大声说："父老兄弟们！本人就是琼崖工农红军总司令冯平，谢谢大家来看我。革命不怕死，怕死不革命，杀了一个冯平，还有千万个冯平。革命是杀不绝的，共产主义一定会实现。"

冯平在白军前后押送下，通过金江镇，进入绅士局大院，由一个连敌军日夜看守着。

澄迈县国民党县长王光玮是冯平中学时的同学，彼此很熟。王光玮受上峰指派，到绅士局来劝说冯平放弃共产主义信仰，归顺国民党。王光玮见了冯平，先谈友谊，然后说："府城一别，多年不见，一向可好？"

冯平回答说："奔走江湖，投身革命，好得很！"

王光玮说："国民党雄兵百万，天下大势已定，冯兄还是过来与小弟共同为党国效力吧。"

冯平说："世界革命大潮汹涌澎湃，顺之者昌，逆之者亡。我今日虽然被俘，但还有千千万万的革命同志

▷ 冯平在狱中的照片

继续奋斗，革命一定会成功的。"

王光玮说："识时务者为俊杰，仁兄不要执迷不悟了。抛弃天伦之乐，为共产党卖命，让白发人送黑发人，值吗？"

冯平回答说："共产党人为百姓谋幸福，虽死犹生。如果为独夫民贼卖命，那才不值呢！"

冯平大义凛然，揭露敌人诱降的阴谋，宣传共产党的主张，把王光玮驳得抬不起头来。

最后，冯平说："王光玮，你还记得文天祥的名句'人生自古谁无死，留取丹心照汗青'吗？当年，我们曾以此语共勉啊！"

王光玮默默无言，似乎点了点头，含羞而去。

冯平被捕后，党组织千方百计营救他。开始时，估计敌人会把冯平押送到海口去，于是组织了两三千人带着长矛、大刀等武器，在黄竹、白莲一带路旁的甘蔗园树丛里埋伏好，准备等敌人押送冯平路过时，冲出去将冯平劫走。在这些人当中，还特别挑选了二三十个年轻力壮的人，准备一劫到冯平就抬走。但是，等了好多天没有动静。

原来，蔡廷锴担心从澄迈押送冯平去海口有可能会出事，便特地赶到澄迈，亲自向冯平劝降说："你年纪轻轻，如能改变信仰，我保证让你到省里去做官。"

冯平说："要我不信仰共产主义，比太阳从西边出来还难。"

蔡廷锴说："共产党杀人放火，你为什么偏偏加入共产党呢？"

冯平反驳说："杀人放火的是你们，不是我们。共产党是为穷人、为全人类谋利益的，富人恨她，穷人爱她，我就是喜欢共产主义。"

蔡廷锴说："你是苏联留学生，有学问，后生可畏，来日方长，只是误入歧途了。须知苦海无边，回头是岸啊。"

冯平说："我为革命生，也为革命死，不会回头的，你不必白费心机了。"

蔡廷锴多次劝降，而冯平宁死不屈，昂首以对，处之泰然。

蔡廷锴问多了，冯平只重复一句话："我不幸落入魔掌，个人生死早已置之度外，请便吧。"

最后，蔡廷锴知道劝降只能是徒劳，便失去了耐心，动了杀机。

1928 年 7 月 4 日上午 11 时，冯平和他的亲密战友符节在国民党反动派军警的押送下,昂首阔步走向刑场。两个战友高唱《国际歌》,向沿途成百上千的百姓频频点头告别。

行刑时,冯平和符节高呼:"共产主义万岁!中国共产党万岁!"

冯平牺牲时年仅29岁。

后 记

冯平永垂不朽

冯平牺牲后，他的战友冯白驹等人继承他的遗志，继续高举武装斗争的旗帜，战胜艰难险阻，坚持海南岛孤军奋战。冯白驹对战友们说："冯平同志虽然牺牲了，但他为共产主义献身的精神永远值得后人学习。"

冯白驹号召全体革命战士向冯平学习，把革命斗争进行到最后胜利。

新中国成立后，为了纪念冯平烈士，文昌县人民政府把大昌乡命名为冯平乡，创办了冯平小学，还修复了冯平故居，供人们参观瞻仰。

1957 年，澄迈县人民委员会在冯平及其战友符节同志当年就义的地方建了一座"冯平符节烈士纪念碑"。纪念碑上刻着如下文字："冯平和符节两位同志坚贞不屈，忠诚革命，成为革命者优秀的模范，他们的光荣事迹永垂不朽。"

冯平同志纪念馆是海南省爱国主义教育基地、海南省青少年革命传统教育基地，位于文昌市东路镇美德村。

纪念馆正门为青砖牌坊，属于传统型大门，上面悬挂黑漆木雕横额，镌刻着张爱萍题写的"冯平同志纪念馆"七个大字。

纪念馆庭院正中竖立着身着戎装的冯平全身铜像，铜像高 2.5 米，基座高 1 米，上面有聂荣臻题写的"冯平同志"四个大字。

铜像后面是冯平生平陈列室，再往后有一座冯平纪念亭。

继续往里走，便可见到海南常见的传统民居建筑，呈中厅两侧厢房布局。这就是当年冯平诞生之处，正门的外楣上有"冯平故居"四个大字。

陈列室里的展品有反映冯平一生革命活动的数百张照片和史料、文字说明等。

冯平的一生虽然短促，但他为中国革命作出了巨大的贡献。他是海南革命先驱，为后来的革命者树立了光辉的榜样。身为海南革命武装总司令，率领百万工农与反动派进行了不屈不挠的斗争，为新中国的诞生立下了不朽的功勋。